REIHE ANDALUSIEN

Sevilla

Stadtbuch

Herausgegeben von
Dieter Haller & Brunhilde Romer

Verlag Jenior & Preßler
Kassel

Reihe Andalusien – Band 5
Erste Auflage 1992

Copyright © 1992 Verlag Jenior & Preßler
3500 Kassel, Lassallestraße 15

Reihenlogo: Michael Vorwerk
Druck: Druckwerkstatt Bräuning & Rudert, Espenau
Printed in Germany

ISBN   3 - 928172 - 09 - 3

INHALT

Wir laden ein zur Beschäftigung mit Sevilla. Sei es zur Vorbereitung einer Reise, als Nachlese von Eindrücken und Erinnerungen oder als Vorlage für müßige Gedankenflüge vom Sofa aus - eine breitgestreute Auswahl von Texten soll Licht auf verschiedene Facetten der Stadt werfen. Traditionell sevillanische Themen, wie Flamenco oder Feria werden jenseits alter Klischees gestaltet und gemischt mit Essays zu verschiedenen Aspekten der Gegenwartskultur.

Die ersten Artikel geben den geographischen und historischen Rahmen: als wirtschaftlich rückständige Region hat Andalusien eine der höchsten Arbeitslosenquoten Spaniens. Jahrelang ist ein großer Teil der Landbevölkerung abgewandert, in die regionalen Zentren, in die Industrieregionen Kataloniens und Euskadis oder weiter nach Norden, z.B. als Gastarbeiter in die BRD. Hartwig Berger beschreibt, wie die Menschen auf dem Land sich heute innerhalb der gegebenen Bedingungen einrichten. Nicht mehr lange vielleicht, denn es soll alles anders werden, Andalusiens Zukunft soll die eines *Kalifornien Europas* werden. Man setzt auf High-tech. Die Zukunft hat schon begonnen, Sevilla ist für die EXPO 92 zur modernen Metropole hochgepuscht worden. Mitgestiegen sind die Preise, dafür gab es Arbeitsplätze, auch wenn die Löhne mit den Miet- und Immobilienpreisen nicht mithalten konnten.

Ein Blick in die Vergangenheit zeigt die Stadt in ihrer frühen Glanzzeit, im 16. Jahrhundert, wo sie durch das Monopol des Amerikaverkehrs eines der bedeutendsten Handelszentren Europas war. Von dieser goldenen Vergangenheit war zweihundert Jahre später nur noch wenig zu spüren.

Wenn sich in den 80er Jahren einige Andalusier selbst als *Afrikaner*, ihre Heimat als *Afrika* betiteln, dann steht dieser Name nicht nur für einen nahegelegenen Kontinent. Er ist vielmehr Symbol für ein Bündel von eurozentristischen Werturteilen wie Unterentwicklung, Kulturlosigkeit, Primitivität, Naivität usw. Diesen Eigenschaften gegenüber steht *Europa*, das heißt Fortschritt, Technologie, Reichtum, kurz: Zivilisation. Der vielgehörte

Spruch *Ya estamos en Europa!* (jetzt gehören wir zu Europa), begleitete die Jahre des spanischen Beitritts in die EG. Die Tradition der meist religiös motivierten Volksfeste, des Stierkampfs, der Feria, der Wallfahrt nach El Rocío erhalten einen rasanten Aufschwung, mitten im Disput um die wirtschaftliche Entwicklung und kulturelle Öffnung der Region. Dem Streit um Tradition und Modernisierung ist der Artikel von Carlos Colón gewidmet.

Individuelle Lebensskizzen von Frauen sind Thema der Texte von Inge Trunk und des Interviews mit dem Popstar Martirio. Zwei Erzählungen bieten Einblick in gegensätzliche Lebensformen. In "Auf der Suche nach Anna" streift ein junger deutscher Journalist durch die Stadt, um die jugendliche Anna ausfindig zu machen, die sich, zivilisationsmüde, in den Süden abgesetzt hat. In Juan Madrids Geschichte spiegeln sich deprimierende Enge und repressive, quasi-feudale Verhältnisse auf einem Gutshof im Umland Sevillas.

Der Serviceteil gibt praktische Hinweise für einen Besuch der Stadt. Informationen über Museen, Essen und Trinken, Unterkunft und Fortbewegung sind gemischt mit kurzen Artikeln über den sonntäglichen Flohmarkt, den Umgang mit hochsommerlichen Temperaturen und ersten Eindrücken von Reisenden.

Sevilla kennenlernen, erleben, genießen, ist nun Ihr persönliches Abenteuer. Wir wünschen viel Vergnügen.

Brunhilde Romer

DER ANDALUSISCHE JANUSKOPF

Über die Modernisierung einer europäischen Randregion

Mit seinen 87.000 Quadratkilometern und sieben Millionen Menschen steht Andalusien an erster Stelle im spanischen Wachstumstango. Eine Zunahme des Bruttosozialprodukts um 20 % in drei Jahren vermelden die Statistiken - doppelt soviel wie im EG-Durchschnitt und 5 % mehr als das übrige Spanien.

Auch die Landwirtschaft boomt, soweit ihr nicht sich bedenklich häufende Dürreperioden in die Quere kommen. Besonders die Gemüsekultur hat im EG-Wettbewerb die Nase vorn. Ein Kalifornien Europas kündigte hier die regierende Sozialdemokratie, die PSOE, an, das sie nicht gegen, sondern mit dem Großgrundbesitz durchsetzen will. Die Kritik an der Agrobourgeoisie, daß sie den Landbau vernachlässige, gehört der Vergangenheit an. Heute wird gesät und geerntet, was der Boden nur hergibt. Im Flußtal des Guadalquivir und an seinem Rande dehnt sich eine zusammenhängende Agrarsteppe aus, die nur von planlos wuchernden Siedlungsräumen, immer neuen Autostraßen und Stromtrassen unterbrochen wird. Wilde Feldraine und Gebüsch sind fast völlig beseitigt, Straßenbäume wurden, soweit vorhanden, dem Fetisch Auto geopfert. Gibt es einmal ein Stück Bewaldung, greift dort das schnell wachsende Holz des Eukalyptus den Grundwasserhaushalt der Böden an.

Mehr Schaden stiftet allerdings die sich ausbreitende *acuicultura*. Dieser bewässerte Landbau ist in einer Region auf Dauer tödlich, die unter notorischer Wasserknappheit und zunehmenden Dürreperioden leidet. Doch obwohl etwa in Küstengebieten das Grundwasser bereits meersalzig ist, werden der intensive Gemüseanbau und die Blumenzucht weiter ausgeweitet. Der Anbau unter Plastikdächern hat allein von 1982 bis 1987 um 400 Prozent zugenommen. Er verwandelt Andalusien in ein Holland Südeuropas, das den Vorsprung der wärmeren Jahreszeiten nutzt. Aber neben dem Wasserverbrauch steigt auch der Einsatz von Chemie und chemischen Giften in der Landwirtschaft. So hat das Ausbringen von 'Pflanzenschutzmitteln' jährliche Steigerungsraten von 20 %. Chemisierung, Übernutzung des Bodens und Wasserknappheit, Waldbrände und anhaltende Bodenerosion treiben die andalusische Landwirtschaft in eine ökologische Krise, gegen die bis auf eine zaghafte Wiederaufforstung und die Ausweisung weniger Naturreservate nichts unternommen wird.

Allein das Ausmaß der Waldbrände macht die Wiederaufforstung zunichte. In den fünf Jahren von 1985 bis 1989 verbrannte exakt dieselbe Fläche an Wald, die bepflanzt wurde: 60.000 Hektar. Zusätzlich gingen 76.000 Hektar an Buschwerk in Flammen auf, die für Boden- und Naturschutz ähnlich unersetzbar sind. In Reichweite der Sahara-Stürme steigert der sorglose Umgang mit der Ressource Boden die Gefahr weiträumiger Wüstenbildung. In der Provinz Almería ist das bereits Realität: Eine Erwärmung des Erdklimas kann Andalusien zur Hälfte in eine europäische Sahara verwandeln. Doch obwohl die Fachwelt einer irreversiblen Wüstenbildung in Andalusien eine hohe Wahrscheinlichkeit einräumt, findet dieses Thema in der veröffentlichten Meinung und in der Politik kaum Widerhall. In der Alltagskommunikation der Menschen kommt es überhaupt nicht vor.

Das Labyrinth der Schattenwirtschaft

Die Strategen der wirtschaftlichen Modernisierung versprechen in Andalusien mehr dauerhafte Arbeitsplätze, stärken aber vor allem die Schattenwirtschaft. Der Boden steigert die Arbeit mit Steuerkarte und Versicherungsnummer nur mäßig; stärker blüht die Arbeit unter der Hand und der Handel jenseits des Erlaubten.

Die Arbeitslosenquote in Andalusien ist in den letzten Jahren um fünf Prozent gesunken, liegt aber mit 25 % dreimal höher als das EG-Mittel. Unter den jungen Menschen bis 25 sind 42 Prozent ohne Beschäftigung, bei den Frauen sind es 37 Prozent, wobei überhaupt nur jede vierte Frau 'dem Arbeitsmarkt zur Verfügung steht'. Daß die Statistiken mehr verbergen als enthüllen, zeigen die Verhältnisse in der Landwirtschaft. Offiziell arbeitet noch fast ein Fünftel der 'aktiven' Bevölkerung Andalusiens in der Landwirtschaft (der EG-Schnitt liegt bei 8 %). In vielen Mittelstädten wie Sanlucar und Ronda, Baena und Antequera ist die Landwirtschaft ein beherrschender Erwerbszweig.

Der Gelegenheitsarbeiter auf den großen Gütern ist weiterhin Andalusiens Prototyp ländlicher Arbeit. Die meisten 'jornaleros' haben damit aber eine dauernde Arbeitslosigkeit mit hin und wieder angebotenen Jobs abonniert. Der moderne Landbau verschlechtert die Verdienstmöglichkeiten Jahr für Jahr. Arbeitsintensiver Anbau wie Oliven und Zuckerrüben, Baumwolle und Weinbau gehen im übersättigten EG-Markt zurück. Die neuen Gelegenheiten wie Gemüseanbau und Blumen können das Loch nicht füllen. Eine nennenswerte Abwanderung in die Industrie, deren Arbeitsangebot seit Jahren stagniert, gibt es nicht mehr, auch nicht in das traditionelle Emigrationsgebiet Katalonien.

Für die Mehrheit der 310.000 LandarbeiterInnen, zumeist Männer, gilt daher: Der Beruf begründet den Anspruch auf ein bescheidenes Arbeitslosengeld, das erworben wird mit 60 Tagen Landarbeit im Jahr. Wer diese Quote nicht erreicht oder einfach ein 'Grundgehalt' sucht, kauft Scheinbelege für Land-Arbeitstage von Landbesitzern - ein schwunghafter Handel zum beiderseitigen Nutzen.

Für den Rest des Jahres werden Nischen in der Schattenökonomie gesucht. Der Boom etwa im Baugewerbe und in den europaweiten Marktverflechtungen Andalusiens stärkt auch den nicht ausgewiesenen Wirtschaftssektor. So entwickelt sich neben der hochindustriellen Landwirtschaft eine kleinstbäuerliche Produktionsweise. Da schaffen sich Leute Kühe, Ziegen- und Schafherden an, schwarz und mit Direktverkauf, um nicht unter die kostspieligen Steuer- und Versicherungspflichten sowie unter die Gesundheitskontrollen zu fallen. Da wird das Gemeindeland um die Orte herum unter der Hand für Gemüsegärten von Leuten parzelliert, die ihr Scherflein am EG-Markt verdienen wollen. Da entsteht das alte System der Halbpacht wieder neu, indem Wintergärten von Familien betrieben werden, die die Hälfte des Erlöses erhalten.

Neues Spiel, neues Glück - die proletarischen Händler

Lohnarbeit und Kleinhandel sind in Andalusien eng verzahnt. In Landorten ist es eher die Regel, daß Menschen von beiden Erwerbszweigen leben. Zahllos sind die Kombinationen: Martin C., der Jahre als Stahlwerker in Holland war, züchtet jetzt Pferde; sein Kollege T. von damals lebt von Landarbeit und Lieferwagen; Enrique P. legt hin und wieder Elektroleitungen und mischt ansonsten im örtlichen Drogendeal mit (rund ein Prozent der Bevölkerung seines Heimatortes ist drogenabhängig); Fernando J. will seine Frührente mit einer Ziegenherde aufbessern, Manuel G. sucht sein Glück im Bilderhandel und begleitet seinen Onkel als Bauhelfer.

Die Einheitlichkeit der Arbeitserfahrungen, die im Leben der Landorte früher auffiel, zerfällt mit den vielfältigen Formen des Broterwerbs. Nicht mehr die Landarbeit stiftet einen proletarischen Zusammenhang, sondern das gemeinsame Wissen, daß man - vorzugsweise - über Beziehungen, Einfälle, ein Austricksen des Staates und natürlich Glück an Geld oder an Arbeit kommt. Symbol dieser Lebensweise ist das Lotteriespiel, das in Andalusien auch intensiv betrieben wird. So intensiv, daß allein die staatliche Blindenlotterie in einem 5.000 Seelen-Ort vier Losverkäufer mit Rente und Urlaubsgeld bezahlen kann.

Der Markt der Gelegenheiten löst auch den Zusammenhalt der Lohnarbeiter als Klasse. Zwar wurde der Generalstreik der Gewerkschaften am 14. Dezember vergangenen Jahres in weiten Gebieten Andalusiens geschlossen befolgt, doch erscheint die Arbeiterbewegung heute schwächer als während der Übergangszeit zur parlamentarischen Demokratie.

Die 'Mark von Jeréz' gilt mit den Weinstädten Sanlucar und Trebujena als Wiege der Arbeiteropposition im Franquismus. Mit oft wochenlangen Streiks haben dort die Weinarbeiter Löhne und Rechte erstritten, ungeachtet der politischen Unterdrückung. Seit den achtziger Jahren ist diese Bewegung zum Erliegen gekommen, die kommunistischen Arbeiterräte (CCOO), die hier entstanden und die sich mit dem Ende der Diktatur landesweit als Gewerkschaft etablierten, halten jetzt ihre Mitglieder in der

'Mark Jeréz' nicht durch Klassenkampf bei der Stange, sondern mit Beratungen in Arbeitsrecht und Steuern.

Von alten Zeiten kündet noch die starke Stellung der Kommunistischen Partei, die sich zum Bündnis der 'Vereinigten Linken' umgegliedert hat. In Trebujena konnte sie bei den Kommunalwahlen im Mai 1991 das Bürgermeisteramt wieder erringen, in Sanlucar holte sie 35 Prozent der Stimmen, muß sich aber einer relativen Mehrheit der Sozialisten beugen. Auf den Kandidatenlisten der 'Vereinigten Linken' finden sich zur Hälfte Lehrer, wenige Frauen und noch weniger Arbeiterberufe. Nicht Klasseninteressen und Lagerdenken bestimmen das politische Handeln der breiten Mehrheit der Arbeiter Andalusiens, sondern Populismus, charismatische Fixierungen und ein betontes Desinteresse an Politik.

Die Familie: Netz wie Kette

Die unsichere Erwerbssituation hält die Familie zusammen. Ausfälle auf dem Markt von Arbeit und Handel werden durch andere Familienmitglieder aufgefangen. Paco Sánchez, heute 52 Jahre alt, ist praktisch arbeitsunfähig. Sein Arbeitsleben begann mit sechs Jahren, als er seinem Vater bei der Köhlerei half. Die wechselnden Tätigkeiten als Kohle- und Erntearbeiter, im Schmuggel und Schweinetrieb, Haus- und Straßenbau wurden durch einige Jahre Emigration unterbrochen, die er bei Hannovers Müllabfuhr zubrachte. Samt Zusatzarbeit bei niedersächsischen Bauern kratzte er so das Geld für ein Haus zusammen.

Nach seiner Rückkehr 1975 setzte Paco das Leben mit wechselnden Jobs fort. Mit der Zusatzarbeit der Kinder, die Schnecken und Wildfrüchte sammelten und verkauften, reichte das zum Unterhalt, das Haus aber konnte nicht fertiggestellt werden. Inzwischen haben Alkohol, Tabak, verschleppte Erkältungen und fettreiche Nahrung Pacos Gesundheitszustand untergraben. So füllen die inzwischen erwachsenen Kinder die Haushaltskasse auf. Zwei Söhne werkeln mit an der EXPO 92, eine Tochter dient in einem Arzthaushalt in der nächsten Großstadt. Die andere Tochter ist verheiratet, hilft aber der Mutter täglich im Haus und bei der Pflege der Großeltern.

Die Lebensplanung der Familien hat das Gesicht besonders der kleineren Orte stärker verändert als jede staatliche Planung. Paterna, der Heimatort von Paco Sanchez etwa, ist von 1973 bis heute um 1.000 Menschen auf 4.800 gewachsen, hat seine Fläche aber verdreifacht. Der Hausbau durch Familien ließ ganze Ortsteile entstehen, die sich weiter ausdehnen. Im Prinzip baut jede Familie für und mit den Söhnen ein weiteres Haus, in der Erwartung, daß für die Töchter die Familie eines zukünftigen Ehepartners ähnlich handelt.

Das sichere Dach überm Kopf gleicht die Unsicherheiten der Arbeitssituation aus. Dabei gleicht sich das angestrebte Lebensniveau westeuropäischen Standards an. Um 1960 hatte die Wohnung der LandarbeiterInnen eine Küche und ein, maximal zwei Schlafräume. Heute wollen die Familien mehr Räume auch für die Kinder. Eine Wohnzimmereinrichtung, ein gekacheltes Bad mit warmer Dusche, vollautomatische Waschmaschine und Farbfernseher sind feste Einrichtungsgegenstände. Die Motorisierung macht rasche Fortschritte. Paterna hatte 1985 360 angemeldete Pkw, 1991 sind es 800 Wagen. Den 'schwarzen' Autobesitz hinzugerechnet, sind mehr als zwei Drittel der Familien motorisiert.

Die Familie ist auch Fessel und wird zunehmend so empfunden. Die Hausarbeit ist weiter 'exklusives' Recht der Frauen, die vom Arbeitsmarkt und der Schattenökonomie weitgehend ausgeschlossen bleiben. In der Mehrzahl sind die verheirateten Frauen an das Haus als Lebensraum regelrecht gekettet. Außer dem Einkauf, den oft Kinder besorgen, gehen sie praktisch nie aus. Der obligatorische Besuch im Haus der Mutter ist für jüngere Frauen die einzige Abwechslung. Häufig leiden sie an Kopf- und Gliederschmerzen, Übergewicht und Depressionen.

Zukunft ohne Perspektive

Nicht Armut, sondern Zukunftsunsicherheit ist das materielle Problem der andalusischen Arbeiterbevölkerung. Die wirtschaftliche Entwicklung der letzten Jahre hat dieses Problem nicht beseitigt, aber die Möglichkeiten verbessert, innerhalb des Ungewissen einen vorläufig guten Lebensunterhalt zu finden. Andalusiens Industrie bleibt mit einem Anteil von 20 Prozent an der gesamten Wertschöpfung schwach. In der Region verankertes Gewerbe wie die Verarbeitung von landwirtschaftlichen Produkten hat schwere Einbrüche erlebt. Der große Chemiekonzern von Huelva beschäftigt gerade einmal 5.700 Menschen, verbraucht aber ein Drittel der industriell genutzten Energie Andalusiens und lädt seine Giftemissionen ungefiltert in Luft, Wasser und auf wilden Müllkippen ab. Die Werftindustrie in der dicht bevölkerten Bucht von Cádiz, dort wichtigste Arbeitsgelegenheit, hält sich nur mit Kurzarbeitsphasen und hohen Subventionen. Der Dienstleistungssektor ist mit fast zweieinhalbmal mehr Beschäftigten als die Industrie aufgebläht, während auf den schwindenden Arbeitsmarkt 'Landwirtschaft' niemand mehr setzt.

Weniger mit Rebellion und mehr mit traditionellen Handlungsmustern reagiert die andalusische Arbeiterbevölkerung auf die Ungewißheiten ihrer Lebenssituation. Die Familie bleibt für die Wirtschaft stabiler Faktor, die regressiven Folgen für die Persönlichkeitsentwicklung ihrer Mitglieder setzen sich fort. Der Verzicht auf politische Einmischung verbindet sich mit teils großen Erwartungen an 'Persönlichkeiten'. Kulturelle Überlieferungen werden neu belebt und mischen sich mit modernem Lebensstil. Flamenco-Zirkel, Karnevals-Chöre, Bruderschaften, Kulturvereine finden Zulauf wie nie. Zu den Pfingstprozessionen der 'Virgen del Rocío' beim kleinen Ort Almonte kamen in den letzten Jahren immer eine Million Menschen, aber mit bekränzten Autos statt mit blumengeschmückten Kutschen.

Kehren wir nach Sevilla zurück. Für die Kommunalwahlen warb die PSOE - wie überall - mit dem Slogan "Die Entscheidung Fortschritt" und hatte das Prestigeobjekt EXPO 92 vorzuweisen. Dennoch gewann der andalusische Regionalist Rojas-Marcos den Bürgermeisterposten. Wie die sozialistische PSOE, setzte seine Partei auf wirtschaftliches Wachstum um jeden Preis. Aber Rojas-Marcos verstand es eben besser, den Mythos Fortschritt mit der Selbstliebe der Sevillaner, den Futurismus der EXPO mit der Maskerade der Karwoche, Kommerz mit Karneval zu verbinden. Was für eine Perspektive.

Hartwig Berger

EXPO 92 - DISNEYLAND IM KALIFORNIEN EUROPAS

Sevilla ist zu einer endlosen Baustelle geworden. Selbst bis in die verwinkelten Gassen der Altstadt lärmen die Preßlufthämmer. Arbeiter reißen die Straßen auf, verlegen Rohre und neue Telefonleitungen. Alle Baukräne des Südens scheinen sich in der Stadt versammelt zu haben, sie sind zum neuen Wahrzeichen Sevillas geworden. Erbarmungslos wird abgerissen, renoviert, umlackiert. Alle fiebern der expo entgegen. Kein Auto, keine Mülltonne, auf denen nicht der expo-Aufkleber leuchtet. Auf der Halbinsel Cartuja, wo Kolumbus einige Jahre lebte, wird vom 20. April bis zum 12. Oktober 1992 die Weltausstellung ihre Tore öffnen. Durch den Guadalquivir von der Innenstadt getrennt, ragt das Ausstellungsgelände als großes Disneyland, als eine Vision futuristischen Lebens aus Andalusien heraus.

Die expo 92 soll die größte Weltausstellung in der Geschichte werden. Ganz groß will Sevilla herauskommen, sich seiner ehemaligen geschichtlichen Bedeutung bewußt als moderne Metropole präsentieren. Für dieses ehrgeizige Ziel haben die Veranstalter der expo, die staatliche Ausstellungsgesellschaft und die kommunalen Behörden, keine Anstrengungen gescheut. Sie erwarten bis zu 40 Millionen Besucher, 20 Millionen davon aus dem europäischen Ausland, den USA und Japan. Ein spektakuläres Bauwerk, wie den Kristallpalast auf der ersten Weltausstellung 1851 in London, den Eiffelturm 1889 in Paris oder das Atomium in Brüssel 1958 wird es in Sevilla nicht geben. Es wäre jedoch bereits ein Wunder, wenn die gewaltigen Umbauarbeiten bis zur Eröffnung beendet werden könnten.

Dach aus handgeknüpften Teppichen

Auf dem 215 ha großen Ausstellungsgelände, auf dem bisher nur das alte Kloster "Santa Maria de las Cuevas" stand, entsteht eine riesige Vergnügungslandschaft aus Beton, Stahl und Holz. 30 km neue Wege und Straßen wurden angelegt, Wasserflächen und Gärten, ein Theater, ein Fünf-Sterne-Hotel, große Ausstellungsgebäude sowie über 90 Länderpavillons sind in Bau. Eine Magnetbahn, Kabinenbahnen, Elektrobusse und Fahrgastschiffe werden die Schaulustigen über das Gelände transportieren. Der alte Hafen von Sevilla wird im Stil des 17. Jahrhunderts nachgebaut. Die 350.000 neuen Pflanzen und Bäumchen sollen für etwas Schatten sorgen, die großen Wasserflächen und Kanäle, Springbrunnen und Wasserspiele, aus den ohnehin knappen Reserven des Guadalquivir und des Grundwassers gespeist, werden die Temperatur auf dem Gelände um vier bis sechs Grad senken, damit die nordeuropäischen Touristen nicht vor Hitze schmelzen.

Der königlichen Familie, Industriebossen und Prominenten steht ein abgesperrtes Gebiet mit eigener Infrastruktur, VIP-Eingang und Hubschrauberlandeplatz zur Verfügung. So müssen sie sich nicht mit dem gemeinen Volk an den Eingangstoren drängeln. Ein Teil des alten Klosters wurde zum königlichen Pavillon umgebaut.

Mehr als 600 Architekten, Designer, Stadtplaner und Ingenieure sind an den Vorbereitungen beteiligt. Nichts ist aufwendig genug für das große Fest. Sämtliche Gegenstände für den Freizeitbereich, Zäune, Sitzbänke, Geländer, Absperrungen, Abfallkörbe, Pflanzenkübel, Telefonzellen und Fahnenmasten sowie die Uniformen der Bediensteten wurden eigens von Designern entworfen. Der Blick in die Baupläne einzelner Pavillons verspricht ein großes Kunterbunt futuristischer Spielereien, die teilweise allerdings eher an Schildbürgerstreiche erinnern: in den dreistöckigen US-Pavillon gelangt man zum Beispiel über Glasröhren durch einen Wasservorhang, der 12 m hoch und 120 m lang sein wird und den weiten Ozean darstellen soll. Der Pavillon der ehemaligen UdSSR hat die Form einer Treppe als Symbol für den Fortschritt, den das Wissen der Menschheit bisher gemacht hat. Saudi-Arabiens Pavillon wird als besondere Attraktion ein Dach aus handgeknüpften Teppichen tragen. Japan, selbst größter Importeur von Tropenholz, konstruiert für die Weltausstellung inmitten des entholzten Andalusien eines der größten Holzbauwerke der Welt. Die EG baut für 7 Millionen DM einen 50 m hohen Turm mit zwei Tiefgeschossen, dessen Hauptmerkmal seine attraktiven Farben sein werden: die Nationalfarben der 12 Mitgliedsstaaten der EG zieren die Hauptfassade und das gesamte Äußere.

Etwa 110 Staaten sowie 22 internationale Organisationen (Olympisches Komitee, Rotes Kreuz, Europarat, UNESCO, FAO u.a.) nehmen an der Ausstellung teil. Zusammen mit 23 privaten Unternehmen präsentieren diese Organisationen die neuesten technologischen und unternehmerischen Entwicklungen in einer Erlebnisshow. Einige große Konzerne sind auf dem Gelände mit eigenen Pavillons vertreten (Siemens, Fujitsu, IBM). Dagegen werden sich mehrere kleine Länder einen Pavillon teilen müssen.

Quinto Centenario - 500 Jahre Kolumbus

Zwei große Ereignisse haben 1492 die weitere Entwicklung Spaniens geprägt: die Landung von Kolumbus in Amerika, die sogenannte Entdeckung des Kontinents, und die Vertreibung der Mauren. Die 500-jährige Wiederkehr dieses bedeutenden Jahres soll 1992 gefeiert werden. Die Weltausstellung steht deshalb unter dem Motto: "Das Zeitalter der Entdeckungen". Die Veranstalter wollen jedoch nicht nur die Geschichte wieder aufleben lassen, sondern auch "die Zusammenarbeit und den Austausch von Ideen fördern, die neue Entdeckungen ermöglichen und in eine friedliche Zukunft führen. Mit diesem Projekt soll die kreative und erfinderische Fähigkeit des Menschen gefeiert und die technologische Entwicklung an der Schwelle zum 21. Jahrhundert reflektiert werden."

Den Kern des Ausstellungsgeländes bilden die vier großen Gebäude, in denen das Motto der expo dargestellt werden soll: die Pavillons des 15. Jahrhunderts, der Entdeckungen, der Gegenwart und der Zukunft. Wegen der besonderen Bedeutung des Themas für Spanien werden diese Pavillons von der staatlichen spanischen Ausstellungsgesellschaft eingerichtet. So wird gewährleistet, daß die Geschichtsdarstellung aus europäischer Sicht erfolgt. Denn verständlicherweise liegt es weniger im Interesse der spanischen Regierung, die seit 500 Jahren andauernde wirtschaftliche Ausplünderung und kulturelle Zerstörung der Dritten Welt durch die europäische "Zivilisation" in den Vordergrund zu stellen - Blickpunkt der Weltausstellung ist die neueste technologische Entwicklung in den Industriestaaten, und die ist eng mit den privaten Unternehmen verbunden.

Die expo findet im Rahmen der internationalen Regierungskampagne statt, die unter dem Titel "500 Jahre Entdeckung Amerikas - Begegnung zweier Welten" die 500-Jahr-Feiern vorbereitet. Die spanische Regierung und die Regierungen der meisten lateinamerikanischen Staaten wollen damit an die langjährigen "Beziehungen" Europas zu Lateinamerika erinnern und eine partnerschaftliche Beziehung untereinander aufbauen. Innerhalb der Kampagne sind Programme zur technischen Zusammenarbeit, die Restaurierung kolonialer Gebäude und katholischer Kirchen in Lateinamerika, Austausch und Förderung im Bildungs- und Kulturbereich lateinamerikanischer Länder sowie die gemeinsamen Feierlichkeiten zum fünfhundertsten Jahrestag geplant. So auch in Sevilla, das als zentrale Hafenstadt eine besondere geschichtliche Rolle bei der Eroberung Amerikas gespielt hat.

Schlechtes Gewissen feiert mit

Was jedoch soll 1992 eigentlich gefeiert werden? In Amerika vernichteten die Europäer mit unvorstellbarer Grausamkeit 90 Millionen Indigenas, vom Rausch nach Gold getrieben und von der Kirche ermutigt. Die Kulturen, die der europäischen "Zivilisation" nur militärisch unterlegen waren, wurden gründlich zerstört. Die geraubten Reichtümer wurden nach Europa gebracht und trugen so zum Fortschritt der europäischen "Zivilisation" bei. Allein zwischen 1500 und 1660 wurden im Hafen von Sevilla 18.000 kg Gold und 16 Mio. kg Silber entladen, auf ihrem Weg zu den genovesischen, deutschen und flämischen Händlern, die den spanischen Adel mit Luxusgütern wie z.B. italienischem Marmor und englischem Tuch belieferten. Gold war als Zahlungsmittel zunächst ausreichend vorhanden, eigene unternehmerische Tätigkeit in Spanien galt zunehmend als verpönt. Von den 16.000

Webstühlen, an denen 1558 in Sevilla gearbeitet wurde, waren 40 Jahre später nur noch 400 übrig. Als die Anlieferung des geraubten Goldes versiegte, weil die anderen europäischen Mächte Spanien die Vorherrschaft in Lateinamerika streitig machten, erlosch der Reichtum so schnell, wie er gekommen war. Ende des 17. Jahrhunderts war die Bevölkerung Spaniens durch Hungertod und Seuchen auf die Hälfte zusammengeschmolzen. Wer irgend konnte, wanderte aus. "Bei chronischer Arbeitslosigkeit, weiten, unbebauten Landgütern, chaotischen Währungsverhältnissen, ruinierter Industrie, verlorenen Kriegen und leeren Schatzkammern war der Zusammenbruch Spaniens vollständig", schreibt Eduardo Galeano in seinem Buch "Die offenen Adern Lateinamerikas".

Die heutigen Probleme Andalusiens sind Folgen dieser geschichtlichen Epoche. Die andalusische Bevölkerung zahlte seit der Vertreibung der Mauren für das Vergnügen von Adel und Kirche in Toledo oder Madrid. Das einst blühende Land wurde von den Herrschenden nicht nur ökonomisch ruiniert, die vollständige Abholzung der Wälder für den Bau der riesigen Handels- und Kriegsflotten führte auch zur ökologischen Verwüstung.

Auf der expo wird dieses Kapitel spanischer Geschichte etwas in den Hintergrund gedrängt werden. Es ist publikumswirksamer, die glanzvolle Zeit der Macht wieder aufleben zu lassen. Nicht, daß die Folgen der europäischen Invasion in Amerika oder die Ausblutung der andalusischen Bevölkerung völlig verschwiegen werden. Die spanische Regierung versucht sogar, im historisch-kulturellen Teil ihrer Kampagne - Zweifel am technischen Fortschritt sind tabu - kritische Intellektuelle und unabhängige Organisationen einzubinden. Doch die Schwierigkeit, angesichts der Realität 1992 mit ruhigem Gewissen feiern zu können, wird an allen Ecken und Enden deutlich. Die expo wird die BesucherInnen geradezu mit der Darstellung der wundervollen Errungenschaften von "500 Jahren Fortschritt" und der "hervorragenden Rolle Spaniens beim Aufbau der modernen Welt in den spanischsprechenden Ländern" erschlagen. Und deshalb ist, wenn es um die heutigen Beziehungen zu Lateinamerika geht, auch dauernd die Rede von "Partnerschaft" und "Gemeinsamkeit". Daß es letztendlich um gemeinsame Interessen der Machteliten auf beiden Kontinenten geht, wird verschwiegen. Die Realität zeigt, daß Kolonialismus keine abgeschlossene Epoche ist, sondern noch heute wirkt, in veränderter Weise. Die Lebensbedingungen der lateinamerikanischen Bevölkerung haben sich in den letzten 20 Jahren drastisch verschlechtert, noch 1970 wäre eine Choleraepidemie, die den ganzen Kontinent erfaßt, undenkbar gewesen. Die internationale Verschuldung hat sich in diesen Ländern als neue Form des Kolonialismus etabliert und zwingt die Staaten wie in alt-kolonialen Zeiten zur bedingungslosen Ausweitung ihrer unterbezahlten Rohstoffexporte und zur Öffnung für das internationale Kapital. Die Bevölkerung Lateinamerikas zahlt heute an die Industriestaaten wesentlich mehr, als sie von ihnen in Form von Krediten oder Entwicklungshilfe erhält. Obwohl sich die Veranstalter rühmen, durch die teilnehmenden Länder seien 90 Prozent der Weltbevölkerung vertreten, spiegelt die sogenannte Weltausstellung ihrer Tradition entsprechend die westliche Vorherrschaft über die Welt wieder.

Weltausstellung der Konzerne

Deutlicher wird die Botschaft der sogenannten Weltausstellung dann in den Pavillons der Gegenwart und Zukunft, deren Ausstellungen und Multimediashows von spanischen und internationalen Unternehmen koordiniert werden. Hier stellen die Firmen ihre neuesten Entwicklungen aus den Bereichen Energie, Kommunikation, Raumfahrt und Umwelt vor. Der Rundgang durch diese Pavillons wird zu einer vergnüglichen Reise in die technische Fortschrittsgesellschaft, ungetrübt von ständigen Nörglern, die an Gen- und Biotechnologie, an Atomtechnologie oder unbeschränkter Datenvernetzung etwas auszusetzen haben. Ein Schwerpunkt der Ausstellungen liegt im Bereich Kommunikation. "Dieser Themenbereich wird verdeutlichen, wie die Menschen dank telekommunikativem Fortschritt über ihre Individualität hinauswachsen - ohne sie zu verlieren - und diese sogar verstärken". High-Tech zum Anfassen - Siemens macht's möglich.

Die spanische Regierung ist bei der Realisierung ihres Projektes expo, das bereits Investitionen in Höhe von ca. zwei Milliarden DM schluckte, auf die Mitarbeit der Konzerne angewiesen. Ihr Ziel ist es, Andalusien als Industriestandort attraktiv zu machen. Einige Unternehmen, die versprochen haben, nach der Weltausstellung in Sevilla Produktions- oder Forschungsstätten einzurichten, dürfen sich auf der expo mit einem eigenen Pavillon präsentieren. Auch die gewaltigen Bauvorhaben auf dem Ausstellungsgelände sowie die Infrastrukturmaßnahmen in der Region werden vorwiegend von internationalen Firmen durchgeführt. Andere Unternehmen treten lediglich als Sponsoren auf, sie versprechen sich von ihren Investitionen eine hohe Werbewirkung, denn dank telekommunikativer Mittel wird die Botschaft der expo über die Fernsehschirme in aller Welt flimmern. Die Cruzcampo-Brauerei, einer der Hauptsponsoren der expo, bekommt zum Beispiel als Gegenleistung auf dem expo-Gelände einen eigenen Pavillon mit der größten jemals in Spanien gebauten Bierhalle und eigener Kleinbrauerei. Auch die Restauration ist fest in Händen erlauchter spanischer Luxusrestaurantbcsitzcr sowie internationaler Unternehmen. Wer das nötige Kleingeld bereithält, kann sich von Chefköchen aus Madrid zubereitete Spezialitäten servieren lassen. Die anderen dürfen sich an der international anerkannten Einheitsküche erlaben: 74 Schnellrestaurants der "Sunshine Group" werden Bocadillos, Hamburger und Pizzas servieren. Die Banco Hispano Americano investiert 2 Mrd. Pts. in die expo, davon die eine Hälfte in kulturelle Veranstaltungen, die andere Hälfte in den Bau des "Pavillons des 15.Jahrhunderts" und in die Ausstellung "Kunst und Kultur der Welt im Jahr 1492". Corte-Ingles, das größte spanische Kaufhaus, ist ebenfalls offizieller Sponsor. Das Unternehmen wird auf der expo für 28 Mio. Pts. Läden einrichten. Weitere Sponsoren sind u.a. Coca-Cola, Fujii Film und Rank Xerox, Philips, Ford und Olivetti.

Alles ein großes Geschäft

Die "Sociedad Estatal Quinto Centenario" wirbt in ganzseitigen Werbeanzeigen zusätzlich um private Anleger, mit den Worten: "Quinto Centenario. Die Entdeckung eines großen Geschäfts.

Nehmen Sie teil am ehrgeizigsten Investitionsprojekt der letzten 500 Jahre". Dies kennzeichnet die Philosophie der Veranstaltung, deutlicher kann es kaum gesagt werden: alles soll ein lukratives Geschäft werden. Tcile der Einnahmen aus Eintrittsgeldern und Übertragungsrechten sollen später an die Investoren ausgeschüttet werden.

Nicht zufällig paßt der Zeitpunkt der Ausstellung genau in die Vollendung des europäischen Binnenmarktes. Die spanische Regierung erhofft sich von der expo ein neues Image als Industrienation. Andalusien hat dabei die Rolle übernommen, das "Kalifornien Europas" zu werden, mit Tourismusindustrie, Technologie-Zentren und mechanisierter Landwirtschaft. Statt Olivenbäumen sollen riesige Weizenfelder für Exporteinnahmen sorgen. Nach dem EG-Beitritt Spaniens 1986 haben bereits etliche bundesdeutsche Unternehmen Vertriebsnetze und Produktionsstätten aufgebaut oder Beteiligungen an spanischen Firmen erworben, um ab 1993 im europäischen Wettbewerb Standortvorteile ausnutzen zu können. Spanische Unternehmen haben derzeit noch die geringste steuerliche Abgabenquote in Europa, die Öffnung des Landes für Auslandskapital wird weiter vorangetrieben. Daß mit dem Binnenmarkt auch einige spanische Unternehmen auf der Strecke bleiben werden, liegt auf der Hand. In der Lebensmittelbranche setzt sich zum Beispiel immer mehr das einheitlich-europäische Warenangebot durch, von der Fünf-Minuten-Terrine bis zu plastikverpackten Baguettes zum Aufbakken.

Kultur als Zugabe

Die technische Erlebnisshow wird natürlich durch ein kulturelles Rahmenprogramm abgerundet. Die Werbung für die Weltausstellung ist inzwischen auf das Thema: "Fiesta en Sevilla" ausgerichtet worden, um mehr BesucherInnen anzulocken. Sechs Monate lang soll sich in Sevilla die spanische und internationale Kulturelite treffen, um den Glauben an den Fortschritt kulturell zu untermalen. Mit Superlativen wird nicht gespart. So soll der neugebaute Kulturpalast die aufwendigste akustische Anlage der

Welt haben. Das Programm reicht von illuminierten Wasserspielen bis zur Lasershow, von der Reitschule bis zum Flamenco, von der Oper bis zum Rockkonzert. Als "deutsche Beiträge" zum Kulturspektakel werden angekündigt: "Der fliegende Holländer" von der Dresdner Semper-Oper, die Berliner Philharmoniker unter Daniel Barenboim, das Leipziger Gewandhausorchester, das Hamburger Thalia-Theater mit Bob Wilson und Tom Waits und das Frankfurter Ballett unter William Forsythe.

Auch beim Thema Kultur gerät die Weltausstellung eher zur "Westausstellung". Das erlauchte Publikum, das sich die Eintrittskarten leisten kann, bekommt die ganze Vielfalt westlicher Kultur präsentiert. KünstlerInnen aus der Dritten Welt spielen da eher eine Außenseiterrolle. Sie dürfen Folkloristisches als exotisches Einsprengsel zum Besten geben.

Als Attraktion für Kinofans wird eigens eine Movie Town gebaut, selbstverständlich nach neuesten Erkenntnissen der Technik. "Die Besucher von Movie Town werden sich so fühlen, als ob der Sessel in ihrem Kino plötzlich mitten ins Kinogeschehen versetzt worden wäre. Saloons aus dem Wilden Westen, rauchige Bars aus berühmten Krimis werden zu neuem Leben erwachen." Der Kampf gegen die "Indianer" kann hier noch einmal hautnah erlebt werden. Ergänzt wird der kulturelle Spaß durch Ruderveranstaltungen auf dem frisch ausgebaggerten Guadalquivir. Ja, die Veranstalter haben sich bemüht, für jeden Geschmack etwas passendes anzubieten. Doch was wird aus der Stadt, wenn von April bis Oktober tatsächlich 20 Millionen ausländische Touristen angereist kommen?

Umbau total

Eigentlich ist nur vorstellbar, daß Sevilla für sechs Monate in einem Menschen- und Verkehrschaos untergehen wird. Die Infrastruktur der Region wird derzeit total umgekrempelt - ausgerichtet auf die Touristenströme. Die Flughäfen von Sevilla, Málaga und Cadiz werden erweitert, eine 500 km lange Hochgeschwindigkeits-Bahntrasse von Madrid ist in Bau, ebenso 1500 km neue Autobahnverbindungen, so zwischen Málaga und Algeciras und von Sevilla in Richtung Madrid, Huelva, Granada und

Málaga. Um die Stadt wird ein neuer vierspuriger Ring gezogen, der die Autokolonnen auf das Gelände leiten soll, ehe sie sich dem Stadtzentrum zu sehr genähert haben. Denn die Hälfte der Touristen wird mit dem eigenen PKW anreisen. In der Innenstadt sind den Planern, was den Ausbau der Verkehrsverbindungen angeht, engere Grenzen gesetzt, das Verkehrschaos ist bereits ohne die expo perfekt. Im weiteren Eingangsbereich der expo, nahe der Halbinsel Cartuja, ist dennoch kaum ein Stein auf dem anderen geblieben. Der Bahnhof der Stadt wurde kurzerhand verlegt, Gebäude und Bahngleise abgerissen. Reste der "Estación de Córdoba" dienen als Station für die Kabinenbahn, mit der die BesucherInnen aufs Gelände schweben können. Die neue Bahnlinie verläuft nun östlich des Stadtzentrums. Für die RENFE wurden breite Schneisen in die Wohnsiedlungen geschlagen, dort steht auch die neue postmoderne "Estación Santa Justa". Das Ausstellungsgelände bekommt für Sonderzüge einen eigenen Bahnanschluß. Der in den 50er Jahren zugeschüttete Fluß Guadalquivir ist wieder ausgebaggert worden, um Fahrgastschiffen und den Nachbauten der Schiffe des Kolumbus den Weg zur expo zu ebnen. Der Verkehr rollt jetzt über eine neue Brücke westlich aus der Stadt zur expo und in Richtung Huelva. Staus sind vorprogrammiert.

Auch in der Innenstadt herrscht rege Bautätigkeit. Historische Gebäude wie das alte Rathaus, vor allem aber die unzähligen Kirchen werden restauriert, unter finanzieller Beteiligung der spanischen Regierung. Mehrere Luxushotels sind noch in Bau und an allen Ecken und Enden die Handwerker zugange. Das gesamte Telekommunikationsnetz der Stadt und die Verbindungen nach Madrid, Barcelona und ins Ausland wurden erneuert. Dabei hat die Firma Siemens große Aufträge an Land gezogen. Die hohen Erwartungen an die Weltausstellung haben in Sevilla zu einem regelrechten Bauboom geführt.

Sevilla im Goldrausch

Sevilla, jahrhundertelang von der Zentralregierung in Madrid vernachlässigt, hat bisher eher ein provinzielles Dasein geführt. Nun sind die Preise für Immobilien und Mieten kometenhaft in die Höhe geschnellt. Die Stadt ist zu einem Paradies für Spekulanten und Makler geworden. Wo einst kleine Läden waren, entstehen teure Boutiquen, Häuser werden abgerissen oder saniert, um Neubauten Platz zu schaffen oder um als Eigentumswohnungen für eine höhere Rendite zu sorgen. Die ärmeren Leute werden zunehmend aus der Innenstadt in die *barriadas* abgedrängt. In einem 1990 veröffentlichten Leserbrief an den *Diario 16* verlangten "einige Bürgerinnen und Bürger Sevillas" städtische Mietsubventionen, damit sich nicht nur Ausländer leisten könnten, in der Stadt zu wohnen. Doch selbst wenige der auswärtigen Touristen werden sich 1992 leisten können, in der Stadt zu übernachten. Auch mit den geplanten zusätzlichen 9000 Betten in Luxushotels stehen den im Sommer erwarteten täglichen 300.000 Besuchern in Sevilla nur knapp 20.000 Betten zur Verfügung. Es läßt sich erahnen, welche Freude im Hotelgewerbe aufkommen wird. Ganze Familien werden zu Verwandten außerhalb der Stadt ziehen, um ihre Wohnungen während der expo vermieten zu können. So sollen weitere 80.000 BesucherInnen eine Unterkunft finden. Die restlichen müssen versuchen, zwischen Huelva und Málaga eine Bleibe zu finden. Sogar in Almería baut ein japanischer Konzern noch schnell eine Hotelanlage, die 1992 eröffnet werden soll. Klar ist: die expo wird eine Ausstellung für die Reichen dieser Welt. Dabei wird der Eintrittspreis, der lediglich zum Betreten des Geländes berechtigt, noch das billigste sein. Die Eintrittskarten für die expo werden sogar gegen Ratenzahlung verkauft, um den Spaß auch für durchschnittlich verdienende Einwohner Sevillas erschwinglich zu machen. Die Saisonkarte kostet 30.000 Pts. (ca. 480 DM) pro Person. Das Tagestikket soll 4000 Pts. (ca. 65 DM) kosten. Auch in der Stadt wird sich das Leben verteuern. 1992 ist das Jahr der neuen Speisekarten.

Was bleibt ist die Autobahn

Was können die SevillanerInnen von der expo erwarten? Natürlich hoffen alle, an dem großen Geschäft expo beteiligt zu werden. Die Gewinne ziehen jedoch in erster Linie die internationalen Firmen ab, die Baufirmen, die in Madrid oder Barcelona sitzen, die Banken, die Makler, die Telekommunikationsfirmen, die Hotel- und Hausbesitzer, kurzum diejenigen, die über Kapital verfügen und es rechtzeitig eingesetzt haben. Den SevillanerInnen bleiben eher die Brosamen - als Parkplatzwächter oder Souvenirverkäuferinnen, als Taxifahrer oder Putzfrauen werden viele von ihnen für sechs Monate ein Auskommen finden. Danach stehen sie wieder auf der Straße. Durch die Vermietung ihrer Wohnungen können sie ihren Familien zumindest den Eintritt für die expo finanzieren. Ob das die in den Himmel gestiegenen Mieten und Lebenshaltungskosten ausgleicht? Denn die hohen Preise müssen sie genauso bezahlen wie die Touristen.

Damit wird die expo die sozialen Probleme in der Stadt verschärfen. Auf zunehmende Kritik aus der Bevölkerung antwortet die Stadtverwaltung mit Zukunftsversprechungen. Das expo-Gelände und die neue Infrastruktur sollen nach der Weltausstellung das Kapital anlocken und Sevilla aus der Provinzialität führen, als "Cartuja 93" preist die Stadtverwaltung dieses Projekt an. Ein kleiner Teil des expo-Geländes soll den BürgerInnen als Park erhalten bleiben, in einigen Pavillons werden Forschungsinstitute der Universität eingerichtet, die anderen Pavillons werden wieder demontiert. Der größte Teil des Geländes ist als Industriestandort vorgesehen, für die Ansiedlung ausländischer Unternehmen aus den Branchen der Zukunft: Bio- und Gentechnologie, Pharmaindustrie und Datenverarbeitung. Auch wenn diese Firmen wie Siemens oder IBM tatsächlich kommen, steht zu befürchten, daß sie die Arbeitslosigkeit nicht entscheidend verringern können. Denn sie können nur Wenigen hochspezialisierte Arbeitsplätze anbieten. Was auf jeden Fall erhalten bleibt, ist die seit langem notwendige Verbesserung der Verkehrsverbindungen. Doch ob die gewachsenen sozialen und kulturellen Strukturen der Stadt das von Werbepsychologen, Architekten, Managern und Politikern übergestülpte Konzept einer hochtechnisierten Metropole verdauen können? Wird Sevilla nach dem großen Ereignis wieder zu seinem ursprünglichen Charakter zurückfinden?

Uwe Hartwig

Kolumbusdenkmal im Parque María Luisa

AUF DEN SPUREN COLONS

500 Jahre Begegnung zweier Welten

Ich erinnere mich, wie ich während meines ersten Barcelona-besuchs bei einem Spaziergang über die Ramblas Richtung Meer auf die Statue des Kolumbus schaute: hoch oben steht er auf einer Säule, weithin sichtbar, und weist mit seinem ausgestreckten Arm hinaus aufs Meer. Und erweckt den Eindruck, daß er in weite Fernen blickt, wohl in eine exotische "Neue Welt", die er für Spanien, für Europa entdeckt hat. Beeindruckend zuerst, dann fragwürdig. Wohin blickt er denn da, auf die Balearen vielleicht, auf jeden Fall Richtung Osten, und da war er ja nun gerade nicht hingesegelt.

In vielen spanischen Städten treffen wir auf Darstellungen des Christoph Kolumbus (oder Cristóbal Colón, wie er in Spanien heißt): in Granada zum Beispiel steht ein gemeinsames Standbild für Isabel die Katholische und ihn; voll barocker Ausdruckskraft auch ein Bild des Velázquez im Palacio Real in Madrid, mit dem Titel: "Kolumbus bietet Amerika den Katholischen Königen an". Es zeigt einen Kolumbus, deutlich unterhalb des Königspaares kniend, wie er den beiden einen Globus entgegenstreckt. Er legt ihnen die Welt zu Füßen.

Gerne wird Kolumbus in Verbindung mit der kastilischen Königin Isabel dargestellt. Ein geheimnisvoller Faden scheint die beiden zu verbinden. Ihrer Macht und ihrem Einfluß ist es zu verdanken, daß Kolumbus seine Expedition überhaupt unternehmen konnte. Etwas Rätselhaftes rankt sich um ihre Unterstützung der hohen Forderungen, die Kolumbus für ein sehr ungewisses Unternehmen gestellt und für das er jahrelang vergeblich nach Finanzierung gesucht hatte. Er war weder reich noch adlig und hatte somit keine Chance. Weil es schwer zu erklären ist, wird diesem Einvernehmen zwischen der schönen, mächtigen, reichen, politisch versierten Frau und dem armen, unbedeutenden, erfolglosen Mann gerne eine erotische Komponente zugeschrieben. Die beiden mögen sich erkannt haben. An ihren Personen jedenfalls kristallisiert sich der Beginn des kastilischen

Abenteuers, einer historischen Phase großen Erfolges, Reichtums, Aufschwungs und der Macht für Kastilien; der Unterwerfung, der wirtschaftlichen und kulturellen Ausbeutung und der teilweisen Ausrottung der Bevölkerung des amerikanischen Kontinents.

Der Hafen Sevillas war fast 150 Jahre lang die Verbindung zur "Neuen Welt". Was von der iberischen Halbinsel nach Amerika gebracht wurde - Menschen, Tiere, Waffen, Handelswaren - was von Amerika zurückkam - "andere" Menschen, seltsame Erzählungen und Gerüchte, exotische Tiere und Pflanzen, dann Edelmetalle, Rohstoffe - alles mußte den Guadalquivir passieren.

Erinnerungen an Christoph Kolumbus

Sevilla hat mit einem prächtigen Grab in der Kathedrale dem Kolumbus ein Denkmal gesetzt; die Stadtführer bestehen darauf, daß die Knochenreste, die sich in diesem Grabmahl befinden - falls denn tatsächlich welche drin sind - die des bedeutenden Mannes seien; moderne Kolumbusbiographen bestreiten dies. Der "Entdecker" war 1506 verarmt und verbittert in Valladolid gestorben. Sein erstes Grab befand sich am Sterbeort, von da aus wurde er wenige Jahre später nach Sevilla gebracht und einige Jahrzehnte darauf, zusammen mit den Überresten seines Sohnes Diego, nach Santo Domingo auf der Insel Hispaniola (Haiti) überführt. 1795 fiel der östliche Teil der Insel (heute Dominikanische Republik) unter französische Herrschaft, und die Knochen des Kolumbus wurden nach Kuba gebracht. Doch Kuba blieb Spanien kaum weitere 100 Jahre als Kolonie erhalten, danach, 1889, soll der Rücktransport nach Sevilla und die Bestattung in der Kathedrale erfolgt sein.

Außer besagtem Grab widmet Sevilla dem Seefahrer ein Monument auf dem Paseo de Catalina de Ribera (Jardines de Murillo), und die Straße, die gegenüber der Calle Betis am Guadalquivir entlang führt, ist nach ihm Paseo de Colón benannt. Wer die Augen offenhält, wird ihm an einigen weiteren Ecken der Stadt begegnen, z.B. über dem Eingang der Universität, der ehemaligen Fábrica de Tabacos, wo er zusammen mit Hernán Cortés und einem rauchenden Indio dargestellt ist.

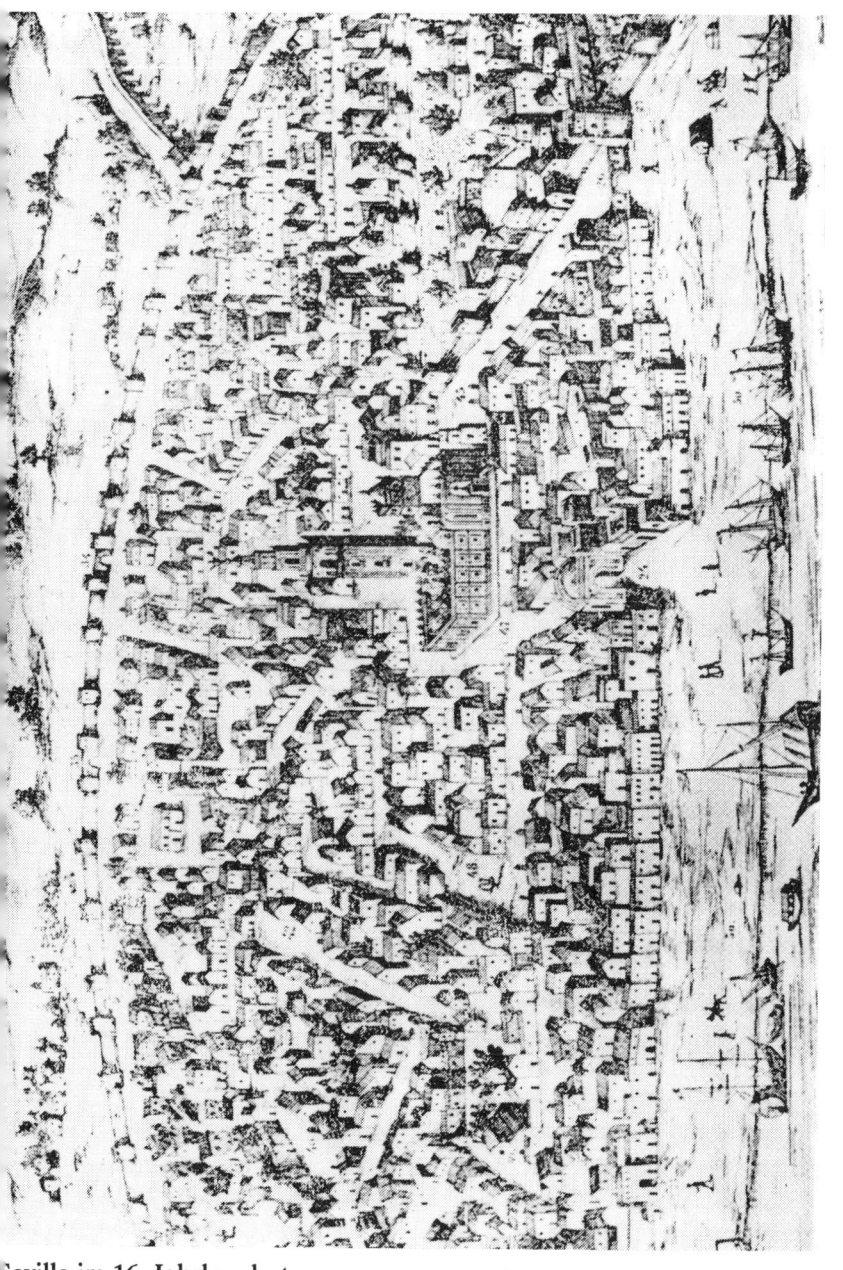

Sevilla im 16. Jahrhundert

Doch nicht genug damit: 500 Jahre nachdem Colón und seine Mannschaft den amerikanischen Kontinent betreten haben, Indios und Europäer sich zum ersten Mal gegenüberstanden - Verunsicherung auf der einen, Überheblichkeit den nackten, somit unzivilisierten und heidnischen Indios gegenüber auf der anderen Seite - 500 Jahre auch seit die ersten Einwohner karibischer Inseln als Schauobjekte nach Europa verschleppt, die ersten Goldbrösel, exotischen Tiere und Pflanzen und diverse Gebrauchs- oder Schmuckgegenstände der Inselbewohner nach Spanien gebracht wurden und dort großes Aufsehen erregten - 500 Jahre nach alledem widmet Sevilla der "Entdeckung Amerikas" eine Weltausstellung, die EXPO 92. Die "Entdeckung" hat, als Reaktion auf vielfache Kritik an der Art des Umgangs mit dem Jubiläum, eine Art Untertitel bekommen: *Encuentro de dos Mundos* (Begegnung zweier Welten) ist nun die moderne sprachliche Version, mit der berücksichtigt wird, daß es sich bei der Neuen Welt nicht um unberührtes, jungfräuliches Land handelte, das nur seiner Entdecker harrte, sondern daß ein menschliches Gegenüber bereits da war, der Kontinent bewohnt, belebt war von verschiedenen, zum Teil hoch entwickelten Gesellschaften. Kritische Geister haben das harmlos klingende *Encuentro* (Begegnung) umgeformt zum *Encontronazo*, was etwa mit Zusammenprall zu übersetzen wäre.

Als Standort der Weltausstellung wird Sevilla zu einem Zentrum der Feier des fünfhundertsten Jahrestages. Nicht umsonst. Ein Blick zurück ins späte Mittelalter und die frühe Neuzeit gibt Aufschluß über die Bedeutung, die Amerika für die Geschichte der Stadt hatte.

Sevilla zur Zeit der Entdeckungsreisen

Sevilla war 1248, im Zuge der nach Süden gegen die Mauren vorrückenden Reconquista (Rückeroberung), von der kastilischen Krone erobert worden, und war am Ende des 15. Jahrhunderts nicht nur Hauptstadt Andalusiens, und somit Verwaltungszentrum, sondern auch die wirtschaftliche und kulturelle Metropole

Südspaniens. Seidenstoffe, feine weiße Seife aus Triana, Tongeschirr und Azulejos (die berühmten andalusischen Kacheln) waren die wichtigsten Produktionsgüter, die auch ins Ausland exportiert wurden. Internationale Handelshäuser und Banken, wie die Spinola, Centurione, Lomellini, die Fugger, die Welser und andere, hatten dort Niederlassungen; Geschäfte, die sich auf die Ausrüstung von größeren Expeditionen über den Atlantik spezialisierten, erhielten mit der Zunahme der atlantischen Schiffahrt durch die beginnende Kolonialisierung Amerikas Aufschwung. Für die Ausrüstung der Fahrten waren einerseits Nahrungsmittel vonnöten: Olivenöl, Weizen und Wein waren die Grundlage. Den zweiten Bereich bildeten Artillerie, Waffen und Pulver. Die Wirtschaft Sevillas paßte sich diesen Bedürfnissen an. Der eigentliche Bootsbau war in der Region nicht sehr entwickelt, es wurden wohl kleinere Boote für die Fischerei und die Flußschiffahrt gebaut, für große, atlantiktaugliche Schiffe fehlte es aber an gutem Holz.

Zu Beginn des 16. Jahrhunderts hatte Sevilla ca. 60-70.000 Einwohner, die sich in folgende Gruppen gliedern lassen: die Adelsschicht, die die lokale Politik bestimmte und über Besitztümer an Land, Häusern und Palästen verfügte; der Klerus, der durch eine interne Hierarchie geprägt war; selbständige Händler, Schiffseigentümer und Seefahrer; die Gruppe der Handwerker, die in Gremios (ähnlich den Zünften) organisiert waren und den größten Bevölkerungsanteil bildeten; schließlich besitzlose Arbeiter, Bettler, Räuber, Betrüger und Sklaven. Die religiösen Minderheiten, also Juden und Mauren, bildeten besondere Gruppen, die Juden lebten in eigenen, relativ abgegrenzten Stadtvierteln (la Judería). Der Anteil an Fremden soll hoch gewesen sein. Es waren Leiter und Angestellte ausländischer Handelshäuser und Banken, Seefahrer und im Verlauf des Jahrhunderts zunehmend Menschen aus Nordspanien und anderen Teilen Europas, die nach Amerika emigrieren wollten. Dazu kamen Künstler und Architekten, die für spezielle Aufträge hergeholt wurden. Die Stadt wurde zu einem Mythos in ganz Europa, hatte eine "kosmopolitische" Atmosphäre und war Anziehungspunkt für Menschen verschiedenster Interessen. Die Unsicherheit auf den Straßen war groß, von sozialen Problemen wird berichtet, von Hungernden, Bettlern, Räubern - und Hilfsaktionen der Kirche.

Der Guadalquivir: Verbindung zur Neuen Welt

Sevilla war einer der bedeutendsten Häfen Andalusiens. Cádiz, Sanlúcar, Puerto de Santa María und weitere kleine Atlantikhäfen dienten als Zwischenstation auf den Routen, die Nordeuropa mit dem westlichen Mittelmeer verbanden. Da die Fahrt durch die Straße von Gibraltar wegen der schwierigen Wind- und Strömungsverhältnisse ein Problem für die Schiffahrt darstellte, war ein Zwischenstopp an der andalusischen Atlantikküste häufig notwendig. Daß Sevilla zu Beginn des 16. Jahrhunderts das Monopol über die Schiffahrt von und nach Amerika bekam - zum Nachteil der anderen Häfen - hat mehrere Gründe: der Hafen, da er im Landesinneren lag, war gut geschützt und leicht zu verteidigen, im Gegensatz zu den Häfen am Atlantik, die feindlichen Übergriffen ausgesetzt waren. Die Region um die Stadt bot eine funktionierende Infrastruktur von Handelswegen, Landwirtschaft und Viehzucht, die es ermöglichte, große Expeditionen auszurüsten, Handelsgüter zu lagern und weiterzuleiten. Handels- und Bankwesen waren bereits entwickelt, außerdem war die Stadt Sitz der königlichen Admiralität und einer Seefahreruniversität.
90 km lang ist die Strecke auf dem Guadalquivir von Sevilla bis Sanlúcar an der Atlantikmündung. Eine Strecke, die durchaus nicht leicht zu befahren war. Der Wasserstand schwankte im täglichen Rhythmus von Ebbe und Flut und unter dem Einfluß der Jahreszeiten. Sandbänke und Untiefen führten dazu, daß Schiffe liegenblieben oder leckgeschlagen untergingen und somit selbst wieder Hindernisse auf dem Weg darstellten. Spezielle Fachleute mußten als Lotsen hinzugezogen werden, und nur Schiffe bis maximal 140 Tonnen konnten überhaupt durchkommen. Entlang des Flusses gab es verschiedene Anlegestellen, an denen ankommende Schiffe teilweise entladen, beziehungsweise auslaufende beladen wurden, damit sie - weniger schwer - die heiklen Abschnitte überhaupt passieren konnten.
In Sevilla selbst befand sich die Ankerzone auf der Höhe des Torre del Oro und der Puerta de Triana. Auf diesem Abschnitt

ankerten die Schiffe im Flußbett, verkehrten Barkassen zum Transport von Waren, Proviant und Menschen, und Boote, die Triana, die Ansiedlung jenseits des Flusses, mit Sevilla verbanden. Eine feste Brücke gab es nicht, lediglich einen schon von den Mauren installierten Übergang aus Booten, der sich auf der Höhe befand, wo Anfang des 19. Jahrhunderts die erste feste Brücke, die Puente de Triana gebaut und 1852 eingeweiht wurde. Seit Jahrhunderten hatten die Menschen versucht, die Fluten des Guadalquivir zu bändigen, trotzdem waren Überschwemmungen des Flusses bis weit ins 20. Jahrhundert eine immer wiederkehrende Gefahr für die Stadt. Als vorläufig letzte Maßnahme dagegen wurde zwischen 1970 und 1982 der "Corte de la Cartuja" angelegt; ein etwa 6 km langes künstliches Flußbett, das westlich an Sevilla vorbei führt. Vom ursprünglichen Fluß am historischen Stadtkern entlang verblieben somit nur noch stillgelegte Seitenarme: der Canal de Alfonso XIII, der in den Grünanlagen der Chapina endet, und der Meandro de San Jerónimo, der auf der Höhe des gleichnamigen Stadtviertels abgetrennt wurde. Diese Unterbrechungen werden wieder geöffnet, der Guadalquivir soll wieder durch die Stadt fließen, und zwischen dem historischen Flußlauf und dem neueren befindet sich dann als Insel *Isla de la Cartuja*, der Standort der EXPO 92.

Sevillas "Goldenes Zeitalter"

Doch zurück zum Beginn des 16. Jahrhunderts: während der römischen und der maurischen Herrschaft in Andalusien war der Guadalquivir bis Córdoba schiffbar gewesen, jetzt war der Ankerplatz am Arenal Endpunkt jeder Fahrt. Eine Fläche am Torre del Oro, das Arenal, war Hafenzone. Ein Gelände, das außerhalb, zwischen der Stadtmauer und dem Fluß lag und durch die Puerta del Carbón mit der Stadt verbunden war. Es diente der Lagerung von Waren und der Unterkunft von Wächtern zum Schutz derselben.
Die händlerischen Aktiväten fanden im Bereich der Calle Sierpes - heute Fußgängerbereich und noble Einkaufszone - und um die Kathedrale, in den Geschäften oder einfach auf der Straße statt. Bei ungünstigem Wetter wurde auch gerne in der Kathedrale

selbst gehandelt, was den Erzbischof veranlaßte, die Königin um die Errichtung eines Handelsgebäudes zu ersuchen. Es sollten aber noch einige Jahre vergehen, bis dieses dann mit der Casa Lonja verwirklicht wurde.

Geographisch betrachtet entstanden die Institutionen, die der wachsende Amerikahandel erforderlich machte, zwischen dem Geschäftszentrum der Stadt und dem Arenal. Als erste Institution für den Bereich Amerika wurde 1503 die **Casa de Contratación** (staatliche Handelsbehörde) gegründet, eine Behörde, die ihre Räumlichkeiten zuerst auf dem Arenal selbst hatte, später aber wegen Enge, Feuchtigkeit und Überschwemmungen in den Alcázar Viejo verlegt wurde, wo heute das sog. Cuarto de los Almirantes (Admiralszimmer) mit einer Erinnerungstafel auf diese zeitweilige Nutzung des Gebäudes hinweist. Hier befanden sich Büros, Lagerräume, Magazine, eine Kirche und auch Wohnungen für die königl. Beamten, wie Schatzmeister, Zahlmeister, Geschäftsführer usw., die die Flotten zusammenstellten, ausrüsteten, Waren einkauften und den Schiffsverkehr nach Amerika kontrollierten. Die Aufgaben der Institution entwickelten sich mit dem Amerikaverkehr. So wurden die Steuerleute, die im Überseeverkehr eingesetzt werden sollten, auf ihre nautischen Kenntnisse überprüft, neu entdeckte Gebiete kartographisch registriert und die Auswanderung in die neuen Kolonien überwacht und registriert. Die Räumlichkeiten mußten immer wieder erweitert werden, es gab Klagen über mangelnde Sicherheit und Enge. 1691 wurde der Komplex durch einen Brand beschädigt, in der Zwischenzeit hatte Sevilla sein Hafenmonopol aber schon verloren, und 1717 wurde die Behörde nach Cádiz verlegt.

Auf dem Weg von der Casa de Contratación im Alcázar zum Arenal entstanden weitere wichtige Einrichtungen: Die **Casa de la Moneda** (Münzhaus), wo der königliche Anteil des aus Amerika ankommenden Goldes und Silbers geläutert und zu Münzen geprägt wurde. Auch Gold aus privatem Besitz wurde geprägt. Die Goldlieferungen, die aus Amerika nach Sevilla kamen, erreichten zwischen 1540 und 1550 ihren Höhepunkt mit ca. 25.000 kg in den genannten zehn Jahren. In den darauffolgenden fünf Jahrzehnten kamen dann insgesamt noch etwa 20.000 kg an. In derselben Zeit wurden aber 2.707.626 kg Silber nach Sevilla gebracht. Die Ausbeutung des Goldes ging in der ersten Hälfte des 17. Jahrhunderts fast zu Ende, Silber dagegen wurde auch später noch in großen Mengen nach Spanien verschifft. Während in den amerikanischen Kolonien Tausende von Indios bei der Arbeit in den Minen zu Tode getrieben wurden, war man im Münzhaus in Sevilla mit der Weiterverarbeitung der Metalle in Geld rege beschäftigt. Als Arbeiter und königliche Beamte waren Münzpräger, Rechnungsführer, Schreiber usw. angestellt. Heute steht an dem Ort ein Gebäudekomplex, der Wohnungen und Geschäfte beherbergt und der, nach Rekonstruktionen aufgrund alter Abbildungen, noch Teile des historischen Gebäudes einschließt. Lebendiger als Modelle und Mauerreste ist La Moneda heute durch die gleichnamige Kneipe an diesem Platz, wo nach Ende der Nachmittagsvorlesungen an der benachbarten Universität nicht nur StudentInnen dichtgedrängt draußen stehen, in nahegelegenen Fensternischen oder auf dem Bordstein sitzen, Bier trinken und palavern.

Gleich gegenüber der Moneda, wo jetzt das Gebäude der Delegación de la Hacienda (Provinziale Finanzbehörde) steht, befand sich das **Zollhaus**. Es soll ein großes, langgezogenes Gebäude gewesen sein, das auf beiden Querseiten große Tore hatte, eines zum Fluß hin, das andere Richtung Stadt. Der Zollbezirk umfaßte die Stadt und den Bereich von 5 leguas (span. Längenmaß, ca. 5,6 km) rund herum. Kontrolliert wurde an den Stadttoren. Andere Zollstationen, an den Häfen flußabwärts und in Cádiz, unterstanden der in Sevilla.

Ein Gebäude, das bis heute von Bedeutung ist, ist die **Casa Lonja** (deutsch etwa: Warenbörse). Ein fast quadratisches, zweistöckiges, mächtig und schwer wirkendes Gebäude, das Ende des 16. Jahrhunderts erbaut wurde, um den händlerischen Aktivitäten der Privatunternehmer (von denen oben bereits die Rede war) einen festen Ort zu geben. Zur Finanzierung des Gebäudes soll es eine generelle Steuer auf alle Vertragsabschlüsse gegeben haben. Im August 1598 wurde es bezogen, zu einer Zeit, als die Ausbeutung amerikanischer Reichtümer in voller Blüte stand. Schon im 17. Jahrhundert begann die wirtschaftliche Stagnation, 1875 schließlich wurde in dieser Casa Lonja das **Archivo de Indias** (Indienarchiv) gegründet. Hatte Sevilla schon durch das rund 150 Jahre währende Handelsmonopol für Amerika und die Aufzeichnungen aus der Casa de Contratación einen sehr reichen Schatz an Akten, wurde das Material unter Carlos III durch weitere Schriften aus Madrid, Cádiz, aus dem ehemaligen Privatarchiv des Kolumbus und vielen weiteren Quellen ergänzt und stellt inzwischen die größte Sammlung an Dokumenten über die Spanisch-Amerikanische Geschichte dar.

HistorikerInnen aus aller Welt, vor allem auch aus Amerika, arbeiten dort mit Dokumenten, die in ihrer Gesamtheit noch längst nicht ausgewertet sind.

Als letztes wichtiges Gebäude aus der Reihe derer, die direkt auf den Amerikahandel zurückzuführen sind, ist die **Fábrica de Tabacos**, das heutige Universitätsgebäude zu nennen. Hier kurz ihre Geschichte: Das Rauchen von Tabak war in Europa nicht bekannt gewesen. Für die Spanier war es eine seltsame, unverständliche Angewohnheit dieser "Wilden" aus der "Neuen Welt". Einige von ihnen fanden bald Gefallen an dem neuen Genußmittel und brachten den Tabak mit nach Hause, der, wie viele andere pflanzliche Produkte - denken wir nur an die Kartoffel, den Mais, die Tomate und den Kakao - von Sevilla aus über Europa verbreitet wurde.

Die erste sevillanische Tabakfabrik wurde 1620 im Stadtteil San Pedro gegründet, in Räumlichkeiten, die sich zu Beginn des 18. Jahrhunderts als zu klein erwiesen und einen Neubau erforderlich machten. Die Planung und der Bau des Projekts dauerten mehrere Jahrzehnte. Erst 1757 konnte die Produktion dort beginnen. Die neue Fábrica de Tabacos lag außerhalb der Stadtmauern, aber trotzdem nahe am Zentrum, und war nach funktionalen Maßstäben errichtet worden. Das untere der beiden Stockwerke diente dem Zerkleinern des Tabaks in Mühlen, die von Zugtieren bewegt wurden, der Befeuchtung und der Lagerung. Im oberen Stockwerk fand die eigentliche Produktion der Zigaretten, die Trocknung usw. statt. Nach Zeugnissen eines Historiographen vom Ende des 18. Jahrhunderts beinhaltete das Gebäude 24 Innenhöfe, 21 Wasserstellen, 10 Brunnen und 21 Mühlen. 113 Zugtiere waren beschäftigt, 1.300 ArbeiterInnen und etwa 100 Personen im Bereich der Überwachung, Planung und Direktion. Die Fabrik war Thema vieler Reiseberichte und

Autoren, am bekanntesten wurde sie wohl durch die Oper
"Carmen" von Georges Bizet. Auch jetzt, als Universität genutzt,
ist der Komplex sehenswert. Ich habe mich nicht nur einmal
darin verirrt, auf der Suche nach einem bestimmten Raum, einer
Bibliothek, einem Büro oder ähnlichem, bin aber bei diesen Irr-
gängen immer wieder auf wunderschöne, sonnige Innenhöfe ge-
stoßen, Springbrunnen, Treppenaufgänge, die ich noch nicht
kannte, reizvolle Ecken und Nischen.

Das Ende der Blütezeit

Die Verarbeitung von Tabak und die Eisenverarbeitung
(Herstellung von Kanonen) waren die einzigen Produktions-
zweige, die eine hochentwickelte industrielle Massenproduktion
erreichten und Zeiten der wirtschaftlichen Stagnation überdau-
erten. Beide waren in staatlichem Besitz. Die Landwirtschaft und
das Handwerk blieben bei einer einfachen Produktionsweise und
konnten mit den Entwicklungen in anderen europäischen Ländern nicht mithalten. Dies wird unter anderem darauf zurückgeführt, daß körperliche Arbeit mit einem schlechten Image bela-
stet war (es arbeitete nur, wer es unbedingt nötig hatte); die
Landwirtschaft war - und ist - vom Großgrundbesitz geprägt und
hat sich zum Teil bis heute feudale Strukturen erhalten.
Da das Flußbett des Guadalquivir zunehmend versandete, mußte
ab dem 17. Jahrhundert ein Teil des Schiffsverkehrs in Cádiz ab-
gewickelt werden. Im Jahre 1717 ging das Handelsmonopol dann
ganz an Cádiz über, die Casa de Contratación wurde dorthin
verlagert. Sevilla wurde während dieser Jahrhunderte auch
immer wieder von Seuchen heimgesucht. Nachdem die Stadt um
das Jahr 1600 einen Bevölkerungsstand von ca. 150.000 Menschen
erreicht hatte - trotz der Emigration nach Amerika und wieder-
kehrender Seuchen - sollen 1648-49 ca 60.000 Menschen der Pest
zum Opfer gefallen sein, ein Bevölkerungsverlust, von dem sich
die Stadt bis ins 19. Jahrhundert nicht wieder erholen konnte.
Was also bleibt übrig vom Glanz des *Siglo de Oro*, des Goldenen
Zeitalters? Die Eroberung und der Handel mit Amerika werden
vielfach als verpaßte Chance betrachtet: die erbeuteten Reichtümer blieben totes Kapital, die Möglichkeiten, dieses für die Zu-

kunft gewinnträchtig einzusetzen, wurden verpaßt, nur prächtige Kirchen und Paläste (von denen einige gerade wieder renoviert oder, wo dies nicht möglich scheint, abgerissen werden) zeugen vom vergangenen Reichtum.

Schon einmal, zu Beginn dieses Jahrhunderts, wurde mit dem Plan einer Weltausstellung der Versuch gemacht, etwas von der Vergangenheit zurückzugewinnen. Ab 1919 wurde gebaut: die Pavillons der verschiedenen amerikanischen Staaten und viele Hotels, wie das Eritaña, in dem sich heute das Quartier der Guardia Civil befindet, das América Palace in der Avenida Manuel Bermudo Barrera, das später in Wohnungen umgewandelt wurde, und das Alfonso XIII in der Calle San Fernando, welches als eines der besten und teuersten Hotels der Stadt gilt. Der Parque María Luisa wurde vollkommen neu gestaltet, neben der Plaza de España die Plaza de América integriert. Im Mai 1929 wurde die "Exposición Iberoamericana" eröffnet. Die amerikanischen Staaten stellten in ihren jeweiligen Pavillons ihre Produkte aus. Die ganze Stadt war neu aufgeputzt worden und sollte mit dem Ereignis von internationaler Bedeutung einen allgemeinen Aufschwung erhalten. Es wurde ein wirtschaftlicher Flop. Der Anlauf ging in der Weltwirtschaftskrise unter.

Mit der Expo 92 wird wieder Amerika, diesmal der fünfhundertste Jahrestag der sog. Entdeckung, zum Anlaß genommen, die Infrastruktur der Stadt auf modernsten Stand zu bringen und mit großem Aufwand und riesigen Investitionen Anlauf für einen neuen Aufschwung zu nehmen. Kritik gibt es schon am Anlaß - und die kommt aus Amerika, auch aus Europa, am wenigsten aber aus Andalusien selbst. Sie wendet sich dagegen, die europäische Invasion Amerikas, den Anfangspunkt der nunmehr 500 Jahre währenden Unterdrückung und Ausbeutung der amerikanischen Völker mit Jubelfeiern zu begehen, die diese finstere Seite der gemeinsamen Geschichte negieren oder übertünchen wollen. Kritik an der Expo selbst kommt aus Andalusien. Exemplarisch zitiere ich einen Freund, der mir neulich schrieb: "Fahr' bloß nicht nach Sevilla, du wirst es nicht wiedererkennnen. Die hochheilige EXPO zerstört die Stadt, um sie in die modernste Metropole der westlichen Welt zu verwandeln. Ein Alptraum. *Sevilla kaputt cariño.*"

Brunhilde Romer

JUDEN IM MITTELALTERLICHEN SPANIEN

Als die Flotille des Cristóbal Colón, Großadmiral Ihrer Katholischen Majestät der Königin Isabella von Kastilien, am 2. August 1492 im Hafen von Palos bei Sevilla auslaufbereit lag, beobachtete man von Bord aus den hastigen Aufbruch einer anderen, größeren Flotte, ohne Flagge und mit unbekannten Zielen: Hunderttausende von Juden verließen Spanien unter dem Druck königlicher Gewalt. Viele Schiffe, die nicht seetüchtig waren, aber überstürzt gechartert werden mußten, versanken im Mittelmeer. Die anderen erreichten ferne Ziele in Nordafrika, Südfrankreich und den Niederlanden, in der Türkei und Ägypten.

Angefangen hatte die Geschichte der Juden Spaniens irgendwann im Dunkeln. Paulus will - um 60 u.Z. - nach Spanien reisen, um dort zu missionieren; er wußte also schon von jüdischen Gemeinden auf der Halbinsel. Nach der Zerstörung des 2. Tempels 70 u.Z. brachten die Römer jüdische Gefangene nach Spanien und siedelten sie dort an. Die seit dem 4. Jahrhundert durch Spanien ziehenden und dort Reiche gründenden Germanenstämme, die Vandalen, Sueben und Westgoten, fanden lange ansässige Judenstämme vor. Man kam gut miteinander aus - bis der Westgotenkönig Rekkared sich 689 katholisch taufen ließ. Danach setzten Verfolgungen ein, Zwangstaufen und erste Vertreibungen. Doch verschwunden sind die Juden damals aus Spanien nicht. Den Süden des Landes, Andalusien, hatten die Byzantiner 554 den Westgoten abgenommen; Sevilla, die alte Phönikiergründung, erlebte eine neue Blütezeit.

711 kamen die Moslems und blieben, mit wechselnden Grenzen, über siebenhundert Jahre. In einem ersten Ansturm gewannen sie, noch nicht einmal hundert Jahre nach dem Tode Mohammeds, die ganze iberische Halbinsel. Nur ganz im Norden konnten sich kleine christliche Königreiche halten, auf die große karolingische Macht im Frankenreich gestützt. Das Kalifat Córdoba herrschte bis 1034.

Juden waren in islamischen Staaten von Anfang an zwar nicht gleichberechtigt mit den Moslems, aber doch prinzipiell geduldet und konnten sich frei entfalten - wenn sie sich nur politisch loyal verhielten. Es fehlte der schroffe Konflikt um den Gottmenschen Christus, der im katholisch beherrschten Mittelalter einen unüberwindbaren Graben zwischen Juden und Christen zog. Wir werden sehen, daß es Ausnahmen von dieser Regel gab; aber im Allgemeinen ging es Juden unter islamischer Herrschaft immer gut. Auch im Kalifat Córdoba war es nicht anders. Juden waren längst im Lande, als die Muslims kamen, und Juden kamen mit ihren Heeren aus Nordafrika und Vorderasien neu ins Land, um dort zu bleiben. Sie konnten Grund und Boden erwerben und wurden Bauern. Andere hielten die Verbindung zu ihren orientalischen Ursprungsstätten. Sie brachten Produkte ins Land, die es in Spanien nicht gab, machten sie dort heimisch, bereicherten die Kultur und verfeinerten die Lebensweise. Wieder andere wurden Handwerker und überlieferten etwa die orientalische Kunst der Metall- und Lederverarbeitung, machten Schuhe und Sättel, Schwerter und Schmuck. Noch andere brachten die Wissenschaften aus ihren Ländern nach Spanien: Medizin und Mathematik aus Babylonien, Grammatik und Philosophie aus Ägypten. Die Kalifen sahen das alles gern und förderten die jüdische Mitarbeit an der Kultur ihres Staates. In Córdoba entstand eine Talmud-Akademie. Chasdai ibn Schaprut, der 970 in Córdoba starb, war zugleich Vorsitzender der jüdischen Gemeinde und Erster Minister der Kalifen Abdurrahman III. und Al-Hakim II. In deren Auftrag verhandelte er mit dem Kaiser in Byzanz ebenso wie mit dem deutschen König Otto I., mit den christlichen Königen in Nordspanien wie mit den Chasarenfürsten an Wolga und Don. Er zog die berühmtesten jüdischen Gelehrten nach Córdoba und gründete Talmudschulen im ganzen Land. Dichter und Wissenschaftler förderte er großzügig. Chasdai ibn Schaprut war nicht der einzige jüdische Gemeindeleiter, die zugleich eine hervorragende politische Stellung im muslimischen Staat innehatten.

Doch nicht nur hier. Allmählich wandern jüdische Siedler, Kaufleute und Akademiker auch in die christlichen Nordreiche ein, in Navarra, Asturien und León, werden seßhaft, gelangen zu Ansehen. In den beiden wichtigsten, die schließlich die anderen in sich aufnehmen, Kastilien und Aragón, steigt die Zahl der jüdischen Einwohner bis zur Mitte des 15. Jahrhunderts auf 250.000 an. In manchen Mittel- und Kleinstädten sind ein Fünftel bis ein Drittel der Bewohner Juden. Sie unterscheiden sich in sozialer Schichtung und beruflichem Ansehen nicht von den Juden im muslimischen Bereich; auch die Könige ziehen gern Juden als Berater an ihre Höfe, vor allem in finanziellen Fragen, aber nicht nur in solchen. Die jüdischen Gelehrten konnten Hebräisch, Aramäisch und Arabisch; das Romanische lernten sie hier; so konnten sie zu Übersetzern und Vermittlern antiken und orientalischen Wissens und Denkens ins Abendland hinein werden.

Nach 1034 zerfiel das Kalifat der Omajjaden von Córdoba. Nordafrikanische Berberstämme drangen nach Spanien vor, verschiedene kleine Staaten (Sevilla, Granada, Zaragoza, Málaga) entstanden. Einige von ihnen werden von König Alfons VI. von Kastilien unterworfen; 1085 fällt Toledo in christliche Hände. Von den spanischen Berberkönigen zu Hilfe gerufen, kommen die Almoraviden über die Meerenge von Gibraltar und errichten im 11. und 12. Jahrhundert ein neues maurisches Großreich in Spanien und Afrika. Nach 1088 erlebt Andalusien eine neue Blütezeit, Sevilla mit dem Alcázar wird zur wichtigsten Stadt, in der auch Synagogen erbaut werden dürfen. Die Almoraviden sind den Juden, die sie zunächst, als ihre Herrschaft noch ungefestigt war, der Kollaboration mit dem christlichen Norden verdächtigt und unterdrückt hatten, später wieder freundlich gesinnt. Erneut finden wir eine Reihe jüdischer Dichter, Bibelausleger und Vermittler arabischer und altgriechischer, vor allem aristotelischer Philosophie wie Jehuda Halevi (gestorben 1141) und Abraham ibn Esra (gestorben 1164). Doch werden die Almoraviden nach 1150 von den weit fanatischeren Almohaden abgelöst, die eine radikale Islamisierung durchsetzen. Sie vertreiben viele Juden, die nicht Moslems werden wollen, aus Spanien oder drängen sie über die Nordgrenze in die christlichen Königreiche.

Von dort aus setzt sich in den folgenden Jahrhunderten allmählich jene Rückeroberungspolitik (Reconquista) durch, die im Laufe dreier Jahrhunderte Spanien wieder vollständig dem Christentum unterwirft. 1212 wird das Almohadenreich zerstört, im 13. Jahrhundert werden Valencia und Andalusien gewonnen. Nach 1270 ist Granada das letzte muslimische Reich auf spanischem Boden. In den eroberten Gebieten werden massenhaft christliche Siedler seßhaft gemacht, vor allem französische.

Die Juden blieben zunächst, wo sie waren und was sie waren. Für die Könige der fünf christlichen Staaten waren die Angehörigen der jüdischen Oberschicht wichtige Helfer. Weil Juden nicht zur christlichen Gesellschaft gehörten, also jenseits der innerchristlichen Interessen- und Parteienkämpfe standen, auch auf den Schutz der Könige angewiesen waren, sahen diese in ihnen die verläßlichsten Partner, besonders in der Ordnung und Vermehrung der Finanzen. Dagegen sahen der Adel und die Stadtbürger in Juden ihre schärfsten Konkurrenten: die Stadtbürger mehr ökonomisch, weil sie mit dem jüdischen Handel nicht überall mithalten konnten, der Adel mehr politisch, weil er die Stärkung des Königtums - auf Kosten der Feudalherren - nicht wünschen konnte. Allmählich mußte sich die Stellung der Juden verschlechtern. Sie blieben Fremde, und auch die Könige, ihre Schutzherren, zogen es vor, sich auf Dauer mit den eigenen Leuten zu verbünden, diese zwar gegeneinander auszuspielen, die Juden aber in diesem Spiel zu opfern.

Besonders intensiv arbeitete die katholische Kirche an der allmählichen Verdrängung der Juden. Sie verbündete sich mit dem jeweils den Juden am feindlichsten gesinnten Teil der Bevölkerung, um die Könige durch Aufstände des Stadtvolkes oder einer Adelspartei zu einer judenfeindlichen Politik zu zwingen. Selbst vor der Ermordung judenfreundlicher Könige, wie im Falle Pedros I. von Kastilien (1369), schreckte man nicht zurück. Ende des 14. Jahrhunderts zog der Beichtvater des kastilischen Herrschers, Ferdinand Martínez, von Stadt zu Stadt, drang in die Synagogen ein und forderte die Juden zur Entscheidung zwischen Tod und Taufe auf. Die großen Gemeinden in Sevilla, Toledo, Córdoba wurden fast ausgelöscht. In Aragon und auf Mallorca wurden Hunderte von Juden ermordet.

Viele ließen sich taufen. Doch damit entkamen sie der Verfolgung nicht. Denn weder konnten sie sich innerlich vom Judentum lösen und die alten Traditionen aufgeben, noch glaubte die Kirche ihnen ihre unter Zwang erfolgte Bekehrung. Man nannte die Bekehrten *marranos*, Schweine, und die Inquisition, die kirchliche Behörde zur Verfolgung von Abweichlern, suchte solche getauften, aber ihr Judentum heimlich bewahrenden Juden in den Häusern auf, ließ sie denunzieren und übergab sie dem Staat zur Hinrichtung. Die Könige leisteten nur schwachen Widerstand; sie selbst mußten die Macht der Kirche fürchten.

Doch die Kirche, insbesondere die Inquisition, mußte einsehen, daß gegen die *marranos* nichts auszurichten war, solange Juden in Spanien lebten, die den Gejagten immer wieder Kraft zu heimlichem Widerstand gaben. Immer stärker wurde der Druck auf die Könige, die Juden selbst aus Spanien zu vertreiben, wie Frankreich und England es schon vor langer Zeit getan hatten. Die Könige, Isabella von Kastilien und Ferdinand II. von Aragón, die 1469 durch Heirat den Kern für ein vereintes spanisches Königreich geschaffen hatten, wollten die Juden halten, weil sie sie beim wirtschaftlichen Aufbau brauchten; viele waren noch in hohen Staatsämtern. Isabella hatte ihrem jüdischen Finanzberater, dem großen Bibelerklärer und Historiker Don Isaak Abravanel (gestorben 1508 im venezianischen Exil), den sie sehr schätzte, versprochen, es werde keine Judenverfolgung geben. Schon 1480 wurden alle Juden aus den Diözesen Sevilla und Córdoba ausgewiesen. Nnach der Eroberung Granadas, des letzten maurischen Staates, Anfang Januar 1492, brach sie ihr Versprechen endgültig. In der Alhambra von Granada unterschrieb das Königspaar am 31. März 1492 jenes Dekret, das alle spanischen Juden aus Spanien verbannte. Erst nach fast 500 Jahren gibt es in Sevilla, Málaga, Madrid und anderen Städten wieder Synagogen und Talmudschulen.

Yaacov Ben-Chanan

ANNÄHERUNG AN FLAMENCO

Feria in Sevilla. Paare drehen sich zu heiterem, melodischem Gesang, manche mit Kastagnetten. Immer wird der Tanz von rhythmischem Händeklatschen der Umstehenden begleitet. Flamenco?

In einem Tablao der Costa del Sol. Die Tänzerin hebt den Rüschenrock bis über die Knie, läßt den Kopf kreisen, bis ihr das Haar wild auf die Schultern fällt. Ihr Gesicht ist verzerrt. Ihr Partner stampft ohrenbetäubend mit den Absätzen. Flamenco?

Aus zahllosen Lautsprechern ertönen die Stimmen der *Gypsy Kings*. Schnell und heftig, begleitet von Gitarren-Stakkato, oder eher romantisch-schwülstig. Auch hier Händeklatschen. Flamenco?

Man kann sich kaum mit Spanien (selbst mit Südfrankreich) oder gar Andalusien befassen, ohne mit einer dieser Erscheinungen konfrontiert zu werden, die oft bis zum Klischee oder zur Karikatur entstellt sind. Sie alle sind Punkte auf einer Peripherie, deren Zentrum sich entzieht, wenig bekannt und schwer zu definieren ist.

Der Flamenco vereint Gegensätze und Widersprüche: er ist Ausdruck von tiefer Tragik und intensiver Lebensfreude, intime Kommunikation und entrückter Solovortrag, Lebensweise und (im günstigen Fall) lukrativer Beruf. Er hat uralte Wurzeln und entwickelt sich ständig weiter; er ist in einem geographisch und ethnisch eng begrenzten Rahmen entstanden und doch auf geheimnisvolle Weise universell - die Liste der ambivalenten Aussagen ließe sich noch fortsetzen.

So stark hat der Flamenco andere Musikformen geprägt und beeinflußt, daß es oft schwerfällt, Grenzen zu ziehen, auch dem Spanier.

Einige Mißverständnisse sollten jedoch geklärt werden, wenn man sich dem authentischen Flamenco nähern will. Dabei ist oft die Aussage darüber, was Flamenco nicht oder nicht primär ist, leichter als eine positive Definition.

So wird sehr häufig angenommen, Flamenco sei ein Tanz. Als Tanz ist er zwar gerade dem Ausländer am geläufigsten, beim

Tanz werden auch die übelsten kommerziellen Verzerrungen dem vermeintlich unverständigen Touristen angeboten. Doch getanzt wird der Flamenco bei weitem noch nicht so lange wie gesungen, länger freilich, als es die Sologitarre in ihrer heute so geschätzten Virtuosität gibt.

Seit wann genau der Flamenco gesungen wird, läßt sich nicht mehr feststellen. Die ersten schriftlichen Berichte über ihn stammen aus den letzten Jahren des 18. Jahrhunderts. Ausländische Reisende beschrieben fremdartige Gesänge, vereinzelt auch Tänze, die sie in familiären oder nachbarschaftlichen Versammlungen andalusischer Zigeuner gehört und gesehen hatten. Manche der erwähnten Gesänge (wie die Siguiriya oder der Fandango) sind noch heute geläufig, wenn auch meist in veränderter bzw. weiterentwickelter Form.

Im allgemeinen wurde der Gesang von den Männern ausgeführt, der Tanz eher von den Frauen, manchmal auch von Paaren. Die Begleitung erfolgte durch Händeklatschen, Fingerschnalzen, Klopfen mit dem Fingerknöchel auf den Tisch oder mit einem Stock auf den Boden. Instrumente wie Gitarre, Mandoline, Tamburin und Kastagnetten waren seltener.

Deutlich ist in diesen frühen Zeugnissen schon die Unterscheidung zwischen heiteren Formen - nur sie wurden damals getanzt - und tragisch-dramatischen Gesängen, die oft ganz ohne Begleitung vorgetragen wurden. Diese archaischen *cantes* (der Ausdruck ist dem Flamenco vorbehalten, im Unterschied zu *canciones*, womit jede andere Art von Volks- oder Kunstlied bezeichnet wird) sind bis heute ein wesentlicher Bestandteil des Flamenco und rufen bei jedem, der sie zum ersten Mal hört, einen starken Eindruck hervor. Damit ist nicht etwa spontanes Gefallen gemeint, sondern oft das Gegenteil. Denn diese Gesänge klingen rauh und fremd, klagend und abrupt. Sie scheinen weder den in Europa sonst üblichen Vorstellungen von Melodik und Harmonie zu entsprechen noch den Anforderungen an einen "schönen" Vortrag zu genügen. Auch wenn man die Texte nicht versteht, die oft mehr geschrien als gesungen werden und durch den andalusischen Dialekt und die Benutzung von Wörtern aus dem Caló (der Sprache der spanischen Zigeuner) noch schwerer zugänglich sind: Man spürt, daß man es hier mit etwas ganz anderem zu tun hat als mit fröhlicher Folklore. Parallelen drängen sich auf zum Blues der amerikanischen Schwarzen, zum Rembetiko, der Musik der aus Vorderasien nach Griechenland zurückvertriebenen Griechen, oder zum Tango, dem "traurigen Gedanken, den man tanzen kann", von italienischen Einwanderern in den Kneipen von Buenos Aires geschaffen...

So kommen wir auch zu einem weiteren Fehlurteil über den Flamenco, der Vorstellung, er sei fröhlich oder gar bloßer Ausdruck des "feurigen Temperaments" seiner Interpreten...

Was aber drückt er aus? Und was hat es mit einer anderen Einschätzung des nur vage informierten Ausländers auf sich: Flamenco sei "typisch spanisch", was ja nur heißen kann, daß er in ganz Spanien praktiziert, verstanden und geschätzt würde?

Die Entstehung und Entwicklung des Flamenco fand in Andalusien statt, mit einigen regionalen Schwerpunkten: Sevilla, Jerez, Cádiz und die umliegenden Dörfer. Vor allem die Provinz Sevilla hat viele Künstler und Stile hervorgebracht. Selbstverständlich gibt es auch in anderen Regionen Spaniens Flamenco im privaten Kreis und als öffentlichen Auftritt, aber die Wurzeln liegen eindeutig in Andalusien.

Nicht denkbar aber wäre eine Kunst wie der Flamenco ohne die schöpferische und gestaltende Kraft der Zigeuner.

Ca. im 10. Jahrhundert verließen sie ihre nordindische Heimat und wanderten Ende des 15. Jahrhunderts - nach längeren Aufenthalten u.a. im Iran und in Griechenland - vom Norden aus nach Spanien ein. Daß es bereits früher Gruppen gegeben hat, die die Iberische Halbinsel von Nordafrika kommend über die Straße von Gibraltar betraten, ist wahrscheinlich, aber nicht urkundlich belegt.

Wie in anderen europäischen Ländern wurden sie auch in Spanien nach anfänglicher Schonung bald abgelehnt und verfolgt; durchaus nicht immer wegen tatsächlich begangener Delikte, denn Diebstahl, Mundraub und Betrügereien waren schließlich nicht ungewöhnlich in Bevölkerungsschichten, die so arm waren wie die Zigeuner. Mindestens genauso entscheidend war die Fremdheit ihrer Kultur und Sprache, der Gebräuche und religiösen Vorstellungen. Zudem fiel ihre Ausbreitung über die Iberische Halbinsel etwa mit der endgültigen Rückeroberung des

Landes aus arabischer Herrschaft und damit der Vertreibung von Juden und Morisken zusammen. So zogen sie sich häufig mit Angehörigen dieser Minderheiten in unwegsame Gegenden zurück. Es kam dadurch auch zu einem Austausch kultureller Elemente - die Hochzeitsriten der spanischen Zigeuner beispielsweise können auf arabische Bräuche zurückgeführt werden.

Andalusien scheint die Zigeuner besonders angezogen zu haben. Hier konnten sie unbehelligter leben, da sie offenbar als weniger fremd empfunden wurden. Hier fanden sie auch eine bestimmte Atmosphäre, eine Einstellung zum Leben, eine regionale wie kulturelle "Landschaft", die ihnen entgegenkam.

Die Bewohner dieser Region hatten jahrhundertelang unter wechselnden Herrschern gelebt und waren unterschiedlichsten kulturellen Einflüssen ausgesetzt gewesen, vor allem aus dem Orient. Das Resultat war die Entwicklung einer außerordentlich reichen Volksmusik und -lyrik. Die musisch begabten Zigeuner verschmolzen nun diese vorgefundenen Gesänge und Tänze mit ihrem aus orientalischen Ländern mitgebrachten musikalischen Erbe, sie bearbeiteten und erweiterten das Textrepertoire. Und vor allem potenzierten sie das historisch gewachsene tragische Lebensgefühl der Andalusier - die von ihren vielen Eroberern und Herren ja nicht nur kulturell geprägt, sondern auch mit Kriegen, Hungersnöten, Inquisition und Ausbeutung geplagt worden waren - durch ihre leidvolle Erfahrung als verfolgte Minderheit. Das Gefühl des Ausgeliefertseins, der Unsicherheit, das Schwanken zwischen Fatalismus und Aufbegehren verband sie mit den armen Schichten der andalusischen Bevölkerung. Aber schärfer, zur Essenz verdichtet war der Ausdruck, den sie diesen Empfindungen gaben: In seiner primitivsten Form ein Schrei, dann unbegleiteter Gesang...

Die Themen sind elementar: Klage über den Tod eines geliebten Menschen (häufig der Mutter), ungestillte Liebessehnsucht, Armut und Krankheit, Verfolgung und Gefängnis, die Rätselhaftigkeit des Schicksals und die Ungerechtigkeit der sozialen Verhältnisse. Daneben wurde aber auch einer Freude und Heiterkeit Raum gegeben, die sich selbst unter schlimmen äußeren Bedingungen und angesichts drängender Fragen nach Leben und Tod behaupten konnte, und sei es nur momentan und dann als geradezu trotzig gesetztes Gegengewicht.

Sobald die Verfolgung der Zigeuner mit dem Edikt Karls III. 1782 im wesentlichen beendet wurde - auch wenn sie noch nicht als gleichberechtigte Bürger leben konnten - war der öffentliche Vortrag ihrer Lieder und Tänze möglich geworden.

Die Wirkung war enorm. Die sensiblen, allen Künsten zugetanen Andalusier griffen diese neuen und doch seltsam vertrauten Klänge und Bewegungen auf, lernten und modifizierten sie. Die Zigeuner ihrerseits gaben weiteren Volksliedern und - tänzen aus Andalusien und anderen Provinzen eine spezifische Note. So entstand allmählich, besonders im 19. Jahrhundert, ein großes, in ständigem Fluß befindliches Repertoire von Gesangs - und Tanzformen, in dem sich die mehrfache Vermischung und Überlagerung andalusischer und zigeunerischer Elemente fast nicht mehr auseinanderdividieren ließ. Regionale und persönliche Stile sowie bestimmte Charakteristika der Zigeuner und der Nichtzigeuner unter den Künstlern sind aber deutlich auszumachen. Letztere entwickelten z.B. eine besondere Meisterschaft im Fandango und seinen Ableitungen, während die Bulerías bis heute hauptsächlich von Zigeunern gesungen werden - sie stellen eine fast unbegrenzt anpassungsfähige, mit allen Inhalten zu vereinbarende Form dar, und ohne sie ist keine Familienfeier und kein längerer öffentlicher Vortrag denkbar.

Weitere Unterschiede liegen in der Größe des Repertoires: Zigeuner neigen zur meisterhaften Spezialisierung auf einige wenige *cantes*; Nichtzigeuner sind eher Universalisten. Allzusehr schematisieren sollte man hier aber nicht, und ob man den Gesangsvortrag der Zigeuner als "tiefer" und intensiver empfindet, ist sicher auch eine Frage des persönlichen Geschmacks.

Regional konzentrierte sich die Entwicklung des Flamenco in den Städten Sevilla, Jerez und Cádiz und den umliegenden Dörfern. Viele der zunächst noch nicht professionellen Künstler kamen aus den Zigeunervierteln der Städte, wo auch die ersten Möglichkeiten geschaffen wurden, durch öffentliche Auftritte mit Gesang und Tanz seinen Lebensunterhalt zu verdienen - die *Cafés del cante*. Hier und in den ländlichen Gasthöfen, den *ventas*, trafen sich alle, die ihre Kunst zum Beruf zu machen versuchten, mit

Amateuren, die weiterhin noch einer anderen Tätigkeit nachgingen, und einem Publikum, das ein künstlerisches und emotionales Erlebnis suchte.

Nicht immer allerdings waren die Teilnehmer an solchen Zusammenkünften seriös. Der Flamenco kam in gewissen wohlhabenden Kreisen geradezu in Mode; besonders die Söhne der andalusischen Großgrundbesitzer fanden es schick, sich "volkstümlich" zu geben und ein Trinkgelage oder eine Nacht im Bordell durch die Bestellung von Sängern und Tänzern zu würzen. So geriet der Flamenco teilweise in ein Halbwelt-Milieu, in dem sich dann auch nicht immer die besten Künstler einfanden... Ein immer weniger sachkundiges Publikum, dem die Wurzeln des Flamenco gleichgültig waren, verlor dann auch allmählich das Gefühl für Qualität. Als der Flamenco dann um die Jahrhundertwende (in der durchaus anerkennenswerten Absicht, ihn einem großen **und** qualitätsbewußten Publikum zu öffnen) auch noch auf die Theaterbühne gebracht wurde, verlor sich seine kommunikative, geheimnisvolle Kraft endgültig im oberflächlichen Spektakel.

Dies trifft jedoch nur auf den "öffentlichen", für große Zuschauermengen veranstalteten Flamenco zu. Es gab parallel dazu immer noch Amateure und Profis, die im familiären Rahmen oder in kleinen Kneipen oder Clubs das Erbe ihrer Vorgänger pflegten, weiterentwickelten und verbreiteten.

Der Flamenco in allen seinen Formen wurde auch in anderen spanischen Regionen und im Ausland bekannt und befruchtete andere Musikformen. Seine eigenen heterogenen Quellen prädestinierten ihn geradezu für eine Vermischung mit der Zarzuela, der Canción española, der lateinamerikanischen Musik, ja der Rock- und Popmusik - die Entwicklung ist noch lange nicht abgeschlossen. Namen wie Lola Flores, Isabel Pantoja, Lole y Manuel, Gualberto seien stellvertretend für einige dieser Tendenzen genannt, auch Paco de Lucía, der den klassischen Flamenco ebenso virtuos beherrscht wie die vielen Neuschöpfungen, die er z.T. gemeinsam mit Musikern aus ganz anderen Bereichen spielt. Und nicht zuletzt im Theater, vor allem dem sozialkritischen Theater der 70er Jahre, hat der Flamenco eine würdige Rolle bekommen - als Mittel zur Darstellung von jahrhundertealten Konflikten, als archetypischer Ausdruck der *condition humaine*.

Der Flamenco ist also keineswegs eine aussterbende Kunst. Er ist noch vital genug, Einflüsse aufzunehmen und zu verarbeiten; auch tritt von Zeit zu Zeit immer wieder ein Künstler auf, in dessen Interpretation die Zeit stehengeblieben zu sein scheint, wie bei einem der größten Sänger der archaischen Cantes, Manuel Agujetas. Die großen Festivals bieten jeden Sommer in Andalusien bekannte und neue Künstler; Theater und *Tablaos* (spezielle, in erster Linie dem Flamenco geöffnete Lokale) bieten Gelegenheit, Gesang und Tanz zu erleben.

Gefährdet scheint allerdings der Flamenco als familiäre Alltagskunst, als Lebensweise, als spontane Lebensäußerung. Die radikale Veränderung der Lebens- und Wohnverhältnisse, z.B. die Auflösung der Großfamilien, die Umsiedlung der Bewohner von beengten, aber kommunikativen Häusern und Vierteln in sterile Neubauten machen die Einbindung von Cante und Baile in das tägliche Leben sehr schwierig. Triana, einst Sevillas Zigeunerviertel, Ort intensivsten künstlerischen Lebens und Heimat zahlloser Interpreten, unterscheidet sich heute kaum noch von anderen Vierteln der andalusischen Hauptstadt. Es bedarf schon großer Zufälle, sehr guter Freunde und einer besonderen Sensibilität, will man in dieser Ansammlung ärmlicher Arbeiterbehausungen, moderner Wohnblocks und schick sanierter Kneipen und Ateliers noch einen Rest des Ambientes finden, das hinter mancher Mauer überlebt haben mag. Wer nicht gerade persönliche Freundschaften mit Künstlern schließen konnte, ist auf den "öffentlichen" Flamenco mit allen darin liegenden Risiken der Überstilisierung oder Kommerzialisierung angewiesen. Der interessierte Besucher sei gewarnt: Es ist auch in einer Stadt mit so reicher Flamenco-Tradition wie Sevilla sehr schwierig, wirklich guten und authentischen Flamenco zu hören und zu sehen. Manchmal ist der Besuch eines Tablaos in Madrid oder eines Theaters in München ergiebiger...

Man sollte sich nicht genieren, wenn man den "Zigeuner-Pop" der Gypsy Kings mag, der auf der nur am Rande zum Flamenco zählenden Rumba gitana basiert, einer Mischform aus Flamenco und afro-kubanischen Rhythmen. Auch die Tonadillas von Rocío

Jurado oder Isabel Pantoja und die zauberhaften andalusischen Volkstänze Sevillana oder Fandango begeistern Spanier und Ausländer. Warum auch nicht? Nur sollte man dabei nicht vergessen, daß sie nur einen Abglanz dessen vermitteln können, was Andalusier und Zigeuner in Jahrhunderten gemeinsam erlebt und erlitten haben, bis sie eine der erstaunlichsten Manifestationen künstlerischer Sensibität und menschlichen Überlebenswillens hervorbrachten: den Flamenco.

Marion Papenbrok

El Rocío

SEVILLA UND SEINE FERIA

Sevilla ist auch dem deutschen Publikum vor allem wegen zweier Feste, die die Höhepunkte des sevillanischen Jahreskalenders sind, bekannt - der Semana Santa und der Feria de Abril. Der Mythos des Andalusischen, Kategorie vor allem derer, die aus dem Norden kamen und den Süden mit der Seele suchten, aber nicht wagten, hinter die Fassaden zu schauen, genährt aus dem romantischen Exotikbedürfnis eines Téophile Gautier oder eines Washington Irving, hält sich nicht umsonst über die gekonnte Inszenierung dieser großen sevillanischen Festivitäten am Leben; diese In-Szene-Setzung des Sevillanischen, deren Charakter nicht nur deswegen so reaktionär ist, weil Franco eben diese Folklore - als Werbeträger für sonnenhungrige Nordländer und als Nivellierungswalze gegen die innerspanischen Regionalismen - mit der eigentlichen Vielfalt Spaniens synonymisierte, sondern auch, weil sie große Bevölkerungsteile, die sich etwa die Miete eines eigenen Zeltes auf der Feria nicht leisten können, aus ihrer Zelebrierung ausschließt. Touristische Vorstellungen, die gewiß auch auf Muster der sevillanischen Selbstdarstellung, vor allem aber auf die Werbestrategie einer skrupellosen Tourismusbranche zurückgreifen, finden sich auf der Feria schnell bestätigt: "Ay, was für ein buntes und fröhliches Volk, welch' wahrhaft spanisches Temperament, was für eine Fähigkeit zu feiern! Wie edel der Reiter und wie stolz die Andalusierin in ihrem gepunkteten Flamencokleid! Wie typisch spanisch die Feria, ay!"
Die Karwoche und die Feria de Abril folgen im Frühjahr kurz aufeinander und sind Ausdruck des überschäumenden Lebensgefühls und der Sinnlichkeit der Stadt. Während die Osterwoche einem Theaterstück gleicht, das, von innerer Ergriffenheit, christlicher Hingabe und fanatischer Leidenschaft getragen, aufgeführt wird, ist die Feria (eigentlich: Dom, Kirchweih, Messe) - quasi als Gegenstück dazu - ein Fest der Lebensfreude. Eine Woche lang wird nicht nur der eigentliche Messeplatz, sondern die ganze Stadt von Tanz, Erotik, Vergnügen und Lebenslust beherrscht. Städtische Ämter und Banken arbeiten, wenn überhaupt, nur mit einer Notbesetzung. Nur wenige der vielen Knei-

pen haben geöffnet. Selbst die sonst so überfüllte und quirlige Innenstadt wirkt merkwürdig ausgestorben.

Die Geschichte der Ferias der Stadt Sevilla ist uralt und geht, soweit nachweisbar, auf König Alfonso X, den Weisen zurück. Im Jahre 1292 gewährte er der Stadt zwei Ferias, eine am Fastnachtssonntag, die andere Ende September zu Ehren von San Miguel. Aber erst 1847 gestand Königin Isabel II auf ein Gesuch der Sevillaner Ratsherren Don José María Ybarra und Don Narciso Bonplata der Stadt das Recht zu, alljährlich eine Landwirtschaftsmesse abzuhalten, auf der Produkte aus Viehzucht und Ackerbau vorgestellt werden sollten. Diese Landwirtschaftsmesse mauserte sich im Laufe der Zeit zur Feria de Abril, wie sie heute weithin bekannt ist. Aus nur drei *casetas* (Zelten) bestand 1848 die zweite Feria. 1869, nach 21 Jahren, beschreibt der Schriftsteller Gustavo Adolfo Becquer, deutschstämmiger Sohn der Stadt, die Feria bereits als Fest der Selbstdarstellung der sevillanischen Identität und Lebensart: "Das Panorama, als das sich uns der Messeplatz von der San Fernando-Brücke bietet, läßt sich kaum mit Worten beschreiben, und selbst der Bleistift kann es nur unvollständig wiedergeben. Dieser Reichtum an Licht, an Farben und Linien, dieses Gewoge und dieses großartige Getöse, die einen so faszinieren und verblüffen! Stellt euch vor, über dies gleißende Gold, das der Staub vorgibt zu sein, spannt sich eine Ebene, grün wie Smaragd! Der Himmel blau und glitzernd, die Luft, als sei sie entzündet von den Strahlen einer Feuersonne, die alles umgibt und allem seine Farbe gibt und alles entzündet...".

Bis zu den 20er Jahren dieses Jahrhunderts hatte die Feria also einen vor allem folkloristischen Charakter angenommen, der ihren landwirtschaftlichen Ursprung nicht mehr erkennen ließ.

Der Stierkampf in der berühmten Maestranza, dem Kampfring Sevillas am Ufer des Guadalquivir, ist ein unverzichtbarer Bestandteil der Feria. Die Höhe der Eintrittspreise - die jährlich um etwa 10% steigen - schwankt, je nachdem, ob man sich einen der begehrten Schattenplätze leisten kann, oder ob man während des gesamten Schauspiels, geschützt nur von einem Papierhütchen oder einem Handtuch auf dem Kopf, in der prallen Sonne garen muß. Ein Abonnement für die ganze Zeit der Feria kostete 1990 zwischen 170.000 Pesetas für einen Platz in der ersten Reihe im

Schatten und 38.000 Pesetas für einen der hinteren Ränge in der Sonne. Allerdings ist es schwierig, einen der guten Plätze zu ergattern, denn viele *aficionados* (Stierkampfbegeisterte) lassen sich ihr Vorjahresabonnement automatisch verlängern.

Jedes Jahr beginnt die Feria mit der Beleuchtung des großen Eingangstores zum Messeplatz am zweiten Montag nach Ostern um 00.00 Uhr. Genau nach einer Woche findet das Fest mit einem großen Feuerwerk seinen Abschluß. Diese Jahreszeit, die Zeit der *azahares* (Orangenblüten), einer besonders schönen Metapher für das Aufbrechen des neuen Lebens, bildet das Herzstück des inneren Kalenders der Sevillaner. Der kurze, aber kalte und feuchte Winter ist gerade vorbei und der lange Sommer mit seiner sengenden Hitze ist noch nicht da.

Auf dem gesamten Campo de la Feria herrscht ein für den Neuankömmling unübersehbares Gewimmel von Menschengruppen, die scheinbar ziellos die Straßen und Plätze des Feldes bevölkern: selten sind es Einzelpersonen oder Paare, meist ganze Familien mit Kindern und Großeltern, Geschäftsfreunde im Anzug, die wenigen, aber sichtbaren Sevillaner Punks, bewaffnet mit *litronas*, den Ein-Liter-Bier-Flaschen, übriggebliebene Hippies aus den 70ern, Yuppies der PSOE-Generation, selbstbewußte Schwule auf dem Weg zum Transvestitenzelt 'Los Formalitos', Hausfrauen aus den Vorstädten, die sich abgesetzt haben und, sich mutig unterhakend, das kleine Abenteuer suchen. Man kommt langsam vorwärts. Überall gehen und stehen Leute zusammen im Kreis und reden, lachen, tanzen den typischen Tanz, die Sevillana, singen dazu und begleiten die Tänzer mit rhythmischem Klatschen. Aus allen Zelten wird man mit Sevillanas beschallt, vom Kassettenrecorder - jedes Jahr gibt es einen Wettbewerb, der ein Lied als die "Sevillana des Jahres" kürt - oder von Life-Gruppen gespielt. Der Lärm ist groß, und man taucht ein in ein empathisch-ekstatisches Gewirr aus Tönen, Bildern, Lichtern und Bewegungen. Nirgends bietet sich einem die Möglichkeit, eine Verschnaufpause einzulegen. Höchstens in den Privatzelten findet man Gelegenheit, sich dem Gewirr zu entziehen. Überall in den großen Zelten, der "PCEra" etwa, dem Zelt der Kommunistischen Partei, mit gut 100 x 100 Metern eines der größten Zelte, die vor Menschen, Hitze und Schweiß fast aus den Nähten platzt, ist die Luft mit dem gelben Staub des Messeplatzes angefüllt, den die Tänzer aufwirbeln. Auf Kleider und Schuhe legt sich ein feiner gelber Film, aber das stört niemanden, denn die Feria ist nur die Feria, wenn man so richtig ausgelassen gefeiert und getanzt hat. Manzanilla aus der nahen Hafenstadt Sanlúcar de Barrameda und der berühmte milde Fino, ein trockener Sherrywein aus Jeréz, sind unverzichtbare Bestandteile der Feria und fließen in Strömen, um die ausgetrockneten Kehlen zu erfrischen. Jeden Tag werden auf dem Fest mehr als eine Million Liter konsumiert. Obwohl sich in den letzten Jahren auch der Konsum von Faßbier eingebürgert hat, sind Sherrys und andere Weine die unbestrittenen Könige unter den Getränken. Die Attraktivität der Feria liegt für viele gewiss in ihrer überbordenden Vitalität, einem Gegenstück zum Alltag, oder besser: einer Ergänzung.

Von Sonntagnacht bis Sonntagnacht dauert die Feria. Ihre Tore sind Tag und Nacht geöffnet. Die Feria der Nacht unterscheidet sich von der Feria des Tages. Der Tag ist dazu da, um zu sehen und sich zu zeigen. "Der Tag gehört den Reichen", sagt Pilar, die Gymnasiallehrerin. "Unsereins kann sich einen so prunkvollen Aufzug nicht leisten. Komm, wir gehen hin und gucken uns die Kaleschen, Pferde und Kleider der Reichen an!" Die Besucher flanieren zu Fuß, reiten mit dem oft nur für einen Tag gemieteten Pferd oder fahren mit der Kutsche durch die Straßen des Campo. 3000 Reiter und 200 Kaleschen waren es am letzten Tag der Feria '91. Denn 1991 konnte die Promenade der reichen und neureichen Sevillaner zu Pferde nach zwei Jahren Pause wieder stattfinden. 1989 und 1990 grassierte eine Pferdepest, bei der viele Tiere starben. 'La Pantojita', Original und orale Chronistin der Altstadt, die allabendlich auf dem Alfalfa-Platz vor amüsiertem Publikum ihre eigenen Lieder krächzt und dabei auf der Guitarre klampft, kritisiert den sozialen Dünkel der sevillanischen Oberschicht in schamlosen Sevillanas über die Pferdepest.

Die Frauen, mit Blumen im Haar, tragen stolz ihre bunten Flamencokleider mit den vielen Rüschen, die Mantones de Manila, die großen Ohrringe. Die Männer in ledernen Beinkleidern, um die Hosen vor dem Staub zu schützen, und mit Cordobeser Hüten. Auch Anzüge, Jacketts und Krawatten werden getragen, man putzt sich heraus, auf die Feria geht man proper gekleidet. Jeans sind verpönt, und werden nur von Fremden und Leuten getragen, die 'nicht dazu gehören'. Die Atmosphäre ist gemächlich, ohne den Lärm und die Menschenmassen der Nacht. In den *casetas* wird gegessen, getrunken, man unterhält sich, schließt Allianzen und Geschäfte ab, schaut den draußen Vorbeiziehenden zu und achtet darauf, selbst gesehen zu werden. Nur in wenigen Zelten spielt Musik, nur die ganz Hartnäckigen tanzen am Tag.

Nachts aber wird der Campo de la Feria von den einfachen Leuten, den *clases populares*, wie die Sevillaner ganz ohne Häme sagen, erobert. Jede Nacht der Festwoche zieht es sie und die unzähligen Gäste von außerhalb auf das Gelände am Südrand des Stadtviertels von Los Remedios. "Wir brauchen gar nicht vor Mitternacht losgehen," meint Joaquín. "Je später es wird, desto mehr ist los auf der Feria". Also verlassen wir gegen 1.00 Uhr die Wohnung im Viertel von San Esteban zu Fuß. Für den Weg zur Puente de San Telmo, die den Flußarm des Guadalquivir zwischen Sevilla und den Vierteln von Los Remedios und Triana überspannt, vorbei an der Universität, dem Teatro Lope de Vega und dem Parque de Maria Luísa, braucht man normalerweise 20 Minuten, bis zum Messeplatz drüben in Los Remedios dann noch einmal 10 Minuten. Heute brauchen wir mehr als eine Stunde. Bis zur Brücke sind wir allerdings fast die einzigen Fußgänger Richtung Feria. Je näher man der Brücke kommt, desto größer werden die Ströme der Passanten, die aus der ganzen Stadt hier zusammenfließen, desto mehr Grüppchen von Erwachsenen mit Kindern kommen uns entgegen, Eltern mit ihren jüngeren Söhnen und Töchtern, müde vom vielen Feiern. Viele Sevillaner ziehen es vor, mit dem Taxi oder dem eigenen Wagen hinüber zu fahren. Vorgestern Nacht haben wir per Auto versucht, über die Brücke zu kommen, aber die Parkplatzsuche war genauso nervenaufreibend wie hoffnungslos. In manchen Seitenstraßen von Los Remedios parken die Autos doppelreihig, und die wenigen Verkehrspolizisten versuchen hilflos, dem Chaos Herr zu werden. Die Anwohner bewachen die Ausfahrten ihrer Garagen mißtrauisch. Auch die extra von der Stadt eingerichteten Buslinien von der Plaza Nueva, dem zentralen Busknotenpunkt der Innenstadt, reichen nicht aus, um die Fahrgäste zu transportieren, obwohl die Autobusse noch vollgestopfter sind als normalerweise.

Cofradía - Laienbruderschaft während der Semana Santa

Ein Fahrplan für die Busse erweist sich als sinnlos, er wäre ohnehin nicht einzuhalten.

Zwischen der Brücke und dem Messeplatz sind Jahrmarktbuden aufgebaut, hier werden Naschereien wie Liebesäpfel, Zuckerwatte, Sonnenblumen- (*pipas*) und Lupinenkerne (*chochos*), Spritzgebäck (*churros*) und Spielzeug angeboten. Das Messegelände, der Campo oder Real de la Feria, liegt seit seiner Verlegung aus der Altstadt vom Prado de San Sebastián im Jahre 1973 am Südrand des Viertels Los Remedios, in dem hauptsächlich die obere Mittelschicht wohnt. Im Verlauf der Planung für die EXPO war kurzzeitig diskutiert worden, ob man die Weltausstellung auf das 320.000 qm große Messegelände legen sollte. Der Plan wurde aber schnell verworfen, weil das Gelände zu klein gewesen wäre.

Sevilla ist eine Stadt, in der einerseits Armut, Arbeitslosigkeit, Heroinkriminalität und eine zerfallende Bausubstanz - etwa im Pumarejoviertel in der Altstadt oder am Stadtrand in den Vierteln 3000 Viviendas oder Su Eminencia - und andererseits der opulente Wohlstand der Villen der andalusischen Gentry des Bami-Viertels, die allgemeine EXPO-Euphorie, deren Aufgabe es ist, Andalusien auf seine zukünftige Rolle als 'Californien Europas' - was immer das heißen mag - einzuschwören, und der Lifestyle eines aufgehippten Yuppietums in krassem Nebeneinander existieren. Die Feria, von der gesagt wird, sie sei aufgrund ihrer räumlichen Anlage ein Abbild Sevillas im Kleinen, - mit den parallelen und perpendikularen Straßen und den *casetas* dazwischen entspricht sie einer typischen andalusischen Siedlung - nennt man nicht ohne Grund eine *fiesta clasista*, denn auch die Klassenstruktur der Bevölkerung spiegelt sie exakt wieder.

Auf der Feria gab es 1990 ganze 953 private und öffentliche Zelte. Für den flüchtigen Besucher spielt sich das Leben auf den Straßen und in den nur rund 20 öffentlichen Zelten ab, in die jeder, der sich durch die Menschenmassen durchzwängt, ohne Eintritt zu zahlen eintreten kann. Zusammen mit den Zelten der Parteien und Stadtviertel gehören auch die beiden Transvestitenzelte 'La Esmeralda' und 'Los Formalitos' zu diesen *casetas públicas*. Im Gegensatz dazu dominieren die privaten Zelte, die von Vereinen, Nachbarschafts-Assoziationen, Stadtvierteln, Firmen, Banken, Freundesgruppen, religiösen Bruderschaften, dem Militär und sonstigen nichtöffentlichen Assoziationen getragen werden. Während der ganzen Woche wohnen die *socios* (Mitglieder) quasi in ihren Zelten. Die Dekoration und Konzeption des Innenraumes der *caseta* sind die provisorische Version des traditionellen sevillanischen Hauses, ihre Konstruktion ist sehr einfach: ein Metallgestänge ist mit rot-weiß oder grün-weiß gestreiftem Tuch überzogen. Der Eingang besteht aus einem Tympanon aus geweißtem Holz, auf den das Emblem des Vereins gemalt ist.

Fremde haben es schwer, Zugang zu den privaten Zelten, der nur Mitgliedern und ihren Gästen gestattet ist, zu bekommen. Man möchte unter seinesgleichen bleiben. Hier werden Geschäfte besiegelt und Heiraten geplant. So wäre es denn auch ein Fehler, auf der Feria ein Spektakel zu erwarten, denn das eigentliche Leben spielt sich nicht auf den überfüllten Straßen, die Namen berühmter Toreros tragen, oder in den wenigen, gleichfalls überbordenden öffentlichen Zelten ab, sondern im privaten Kreis.

Die meisten Privatzelte sind mit etwa drei Meter Breite und fünfzehn Meter Länge relativ klein und eng, die Größe variiert aber von den 2300 qm des Zeltes der Wirtschaftsvereinigung 'Círculo Mercantil', bis zu den 25 qm des Privatzeltes, auf denen sich die Familie und die engsten Freunde drängen. Die Zelte bestehen aus zwei Teilen. Hinter einem Gatter, für die Passanten gut sichtbar, liegt der *tablao*, die Tanzfläche. Links und rechts an den Seiten stehen Stühle für die Nichttänzer. Der hintere Teil des Zeltes ist vom Eingang durch ein Stück Tuch abgeteilt und für Vorbeigehende nicht einsehbar. Hier liegen Bar, Küche, Toilette und Spülstein; Essen und Getränke stehen bereit, und hier finden auch die intimeren Darbietungen des Tanzes und des Gesanges statt. Die Mitgliedschaft in einem Verein ist kostspielig und nicht jeder kann es sich leisten, *socio* zu werden. Es ist ein Privileg, eine eigene *caseta* zu führen, deren Lizenz 2 Millionen Pesetas kostet. Daneben muß der *socio* auch noch für den Konsum seiner persönlich eingeladenen Gäste aufkommen. Auf einer Liste trägt der Barkeeper ein, auf wessen Rechnung die eben bestellte Runde geht.

Auf der Feria sind die Sevillaner gerne großzügig. Viele Sevillaner, die nicht sehr reich sind, sparen das ganze Jahr, um einmal im Jahr Freunde, Freunde von Freunden, Nachbarn, Geschäfts-

und Parteifreunde einzuladen und um zu zeigen, daß man dazugehört.

Täglich frequentieren mehr als eine Million Besucher den Messeplatz. Während der Feria ist es sehr schwer, eine Unterkunft in den 30 Hotels und 72 Pensionen Sevillas mit ihren nur 4500 Betten zu finden. Am besten, man reserviert sich schon ein Jahr im voraus ein Zimmer. Wenn man Freunde oder Bekannte in der Stadt hat, sollte man sie bei den Rezeptionen der Hotels vorbeischicken, denn in letzter Minute werden viele Buchungen storniert, und die Portiers sind dankbar für ein Trinkgeld. Damit kann man auch die teuren Gebühren der Reiseveranstalter umgehen, die den Bettenmarkt offiziell kontrollieren.

Sevilla ist mehr als die Feria. Aber Sevilla ist auch die Feria!

Dieter Haller

VON MACHOS UND ANDEREN MÄNNERN

"Sie werden dich totschlagen! Weißt du denn nicht mehr, letztes Jahr im Urlaub, als wir Hand in Hand am Fluß dort unten spazierengingen und uns die Vorstadtjugend hinterherpöbelte? Und dann diese schreckliche Bar voller Spiegel und langweiliger Schnäuzertypen. Da willst du hin, für ein ganzes Jahr? Wer wird dich im Krankenhaus besuchen?" Clemens orakelte düster. "Wenn es schon Spanien sein muß, dann geh' doch nach Barcelona, da ist es wenigstens noch halbwegs europäisch. Oder nach Madrid! Soll ja in den letzten Jahren zu der schwulen Metropole Europas geworden sein. Aber Sevilla? Zu den Machos, zu den Stieren? Die werden mit ihren Flamencostiefeln nach dir treten!" Clemens übertrieb natürlich mal wieder, aber daß er nicht ganz unrecht haben könnte, schien zumindest im Bereich des Möglichen. "Denk an Dichter wie García Lorca, Vicente Aleixandre, Luis Cernuda oder Manuel de Falla - alles Andalusier und trotzdem schwul!" "Bah, Ausnahmen, die üblichen Identifikationsmythen. Ich sage dir, da unten bist du verloren. Deinen Fummel laß mal schön hier!"

> "...la acera de enfrente ya no es lo que era,
> ¡que se ha convertido en una alameda!"
> ("...der 'andere Gehsteig' ist auch nicht mehr das was er mal war,
> er hat sich in eine breite Allee verwandelt!")
> (Martirio de Pasión, 1986)

Auf den ersten Blick hat Sevilla den Schwulen nicht viel zu bieten. Das *ambiente* - die Szene - beschränkt sich auf zwei Diskotheken (Metal und Poseidón), eine Handvoll Bars (Itaca, Valentinos, Yambo, Tibus und DOK), Parks und Gärten, eine Sauna und diverse Drag Clubs. Die Lokale ändern sich aber von Saison zu Saison. Nur das Poseidón und das Itaca sind gut besucht. In den Bars treffen sich mehr oder weniger eingeschworene Stammgäste. Neben diesen ausschließlich schwulen Lokalen gibt es aber eine ganze Reihe von Lokalen mit eindeutig hohem schwulem

Besucheranteil. "Heute ist es nicht mehr so wie vor 10 Jahren, wo die Schwulen unter sich blieben", erklärt mir Juan. "Die jungen Leute definieren sich nicht mehr so eindeutig nach ihrer sexuellen Orientierung, das ist heute nicht mehr so relevant." Im Lauf eines Abends ziehen die mehr oder weniger Nachtschönen von einem Lokal zum anderen. Die andalusische Kontaktfreudigkeit bringt es mit sich, daß man unzählige *amigos* seines Begleiters an einem Abend kennenlernt, abgeküßt wird und gleichfalls zum *amigo* wird. 'Amigo' bedeutet Freund, aber das will hier gar nichts verbindliches heißen. Wer Lust auf Smalltalks, Flirts und Getränke mit zahllosen Manolos, Pacos, Antonios und Pepes hat, kommt in Sevilla auf seine Kosten. Zum Abschluß trifft man sich gegen 2 Uhr morgens im Itaca, das in gewisser Weise eine Vorreiterrolle für das sevillanische *ambiente* einnimmt. Als erstes Lokal führte man vor 1986 einen Darkroom ein und köderte das Publikum mit Videos. "Der Darkroom...", sinniert Antonio, der Besitzer des Itaca "der ist sehr beliebt bei unseren Gästen. Vor allem bei Pärchen. Sieh mal, hier in Sevilla ist es schwierig für die Schwulen, jemanden mit nach Hause zu nehmen. Die meisten wohnen doch bei ihren Eltern oder in unmittelbarer Nachbarschaft zu ihrer Familie... Die Heteropärchen treffen sich in den Parks, und die Schwulen eben hier".

'Seit kurzem schleicht der Kellner durchs Publikum und drängt darauf, daß man ein Getränk bestellt. Die Gäste sind weniger geworden, seit zwei neue Lokale aufgemacht haben. Außerdem hat Angie van Prick, der Vamp und Star des Prisma, einen Job im '1900' angenommen. Dort werden die Transis besser bezahlt, denn die Klientel ist middle-class und hat mehr 'pasta' - Knete. "Die wird sich noch wundern da drüben!" meint Tarik bissig. "Hier hat sie den Laden geschmissen, aber dort reicht ihr laszives Hüftschwenken nicht aus, garantiert". Es ist halb eins in der Nacht, die Show beginnt. Die drei verbliebenen Stars haben unterschiedliche Images. Rocío de Triana als Rocío Jurado, der Inkarnation andalusischer Weiblichkeit, mit oder ohne Flamencofummel, führt durch das Programm. Sie schwebt über die Bühne, der Dutt wippt, der Rock rauscht, verführerisch blinzelt sie ins Publikum. Dann Paco. Es wird still im Publikum, die Beleuchtung sparsamer. Aufmerksames Aufsaugen der Traurigkeit ihrer Chansons. Paco imitiert Sara Montiel, die große Diva des frankistischen Unterhaltungsfilms. 'Lagrimas negras' - schwarze Tränen - 'con su propia voz' - mit ihrer eigenen Stimme, wie Rocío neidlos betont. Paco weiß, daß sich die Machos unten 'tief drinnen irgendwo' mit seinen Liedern identifizieren können. Schwule Tragik wird überall kultiviert. Mondän zupft Paco an seiner Boa. Rocío nennt ihn wegen seiner Leibesfülle zärtlich-spitz 'das Nilpferd'. Viki Aranda, die Dritte im Bund, brilliert dann mit bübischem Charme und den ewigen Witzen als 70jährige, damals schon dem Alkohol zugetane Estrellita Castro. Die Gäste lachen und feuern die *guapa* - die Hübsche, mit Zurufen und Neckereien an. Zweimal am Abend ist Vorstellung. Eintritt wird nicht verlangt. Altersmäßig dominieren die 25- bis 35jährigen. Eine Handvoll Lesben. Auffallend wenige weich gekleidete Schwule. Die meisten lehnen alltagsmännlich an der Bar oder schauen den Darbietungen auf der Bühne zu. Ich denke an den Tag, als ich hier zum ersten Mal herein kam, als ich nicht wußte, ob ich lachen oder heulen sollte vor soviel Kitsch und Klischee.'

Wie die sevillanische Kneipenszene allgemein, so unterliegt auch das *ambiente* dem strengen Diktat der Mode. Das Prisma wurde 1988 geschlossen, Viki und Paco arbeiten in anderen Drag Clubs der Stadt, Angie soll aus Sevilla weggezogen sein, und was aus von Rocío wohl geworden ist, weiß keiner zu sagen. Andere Stars, andere Lokale, etwa das 'Salsa' oder das 'Sevilla de Noche', aber noch immer der gleiche Esprit.

Endlich hatte ich herausgefunden, wo sich 'die Bewegung' trifft. Jeden Donnerstag um halb elf abends kommt die Gruppe mit dem martialischen Namen 'Schwule Befreiungsfront Andalusiens', FLHA, in einer gewöhnlichen Bar in der Altstadt zusammen. Manolo, der *'presidente'*, klagt über die mangelnde Bereitschaft der Schwulen, sich zu engagieren. Am ersten Abend zähle ich gerade sechs Mann. "Die Leute sind politisch resigniert, sie haben genug, und Schuld daran ist die Enttäuschung über diese Demokratie, für die sie jahrelang gekämpft haben. Jetzt haben wir das goldene Ghetto mit Kneipen und Sauna, und das ist natürlich nicht das, wofür sich die Altschwestern in der Francozeit eingesetzt haben. Und die Jungen vergnügen sich lieber im *am-*

biente, denn offiziell haben wir ja keine Unterdrückung." "Naja," meine ich, "aber die paar Leutchen sind schon arg wenig! Findet ihr denn keine Unterstützung?" "Doch, wo man hinhört, klopft man uns auf die Schultern und sagt 'gut daß es euch gibt, aber ist das nicht ein bißchen langweilig, diese politische Arbeit?' Die sind nur damit beschäftigt, ständig neue Typen aufzureißen. Aber hier ist es noch besser als in Madrid: da gibt es noch nicht einmal eine Gruppe! Es fehlt den Leuten an Bewußtsein!" Oje, die Probleme haben sie in Deutschland auch. "Dabei haben wir jetzt mit AIDS ganz gehörig Probleme. Gegenwärtig ist es noch nicht so schlimm in Sevilla, die meisten Positiven sind Junkies oder Hämophile, nicht so wie bei euch in Deutschland". Natürlich, AIDS. Womit kann sich eine Schwulengruppe heute sonst beschäftigen. "Es ist verzwickt. Die Landesregierung hat erkannt, daß AIDS eine reale Gefahr ist und uns Geld für eine Safer-Sex-Kampagne und ein Beratungszentrum angeboten. Aber mit den wenigen Leuten hier ist es kaum zu machen. Das hier ist nicht Deutschland, wo die Leute tun, was der Staat ihnen sagt. Hier vögeln sie noch rum wie die Karnickel, so als gäbe es AIDS überhaupt nicht. Bewußtsein fehlt, ich sags ja!" Manolo scheint nicht viel Vertrauen zu haben in seine Landsleute. "Aber das kann man doch ändern," versuche ich zu helfen, "Flugblätter, Broschüren, Comics, Plakate - was weiß ich - an allen Straßenecken, in allen Ämtern. Wenn die Junta euch finanziert, dann wirds wohl nicht sooo schwer sein!" "Damit kannst du vielleicht in Deutschland was erreichen. Hier - spürst du es nicht in den Straßen, auf den Plätzen - hockt der *duende* den Leuten im Genick und zwischen den Beinen, der andalusische Kobold, das Leben. Alles ist voller Erotik, voller Bewegung. Wir sind hier nicht so leicht durch irgendwelche Regeln und Sicherheitsvorschriften zu beeinflussen. Guck' dir bloß mal die katholische Kirche an. Nach draußen werden die Regeln befolgt, aber die Leute sind Heiden und tun, was ihnen gefällt. Und was die Kirche in 2000 Jahren nicht geschafft hat, schaffen auch Wissenschaft und Medizin nicht. Diese ganzen Dogmen und rationalen Denkweisen sind uns zutiefst zuwider. Und vergiß nicht, daß wir in der Provinz 15% Analphabeten und 35% Arbeitslose haben. Politik? Bah! Ist vielleicht wich-

tig, aber bloß, solange es Spaß macht. Glaubst du, daß AIDS den Leuten Spaß macht?"
"Wie schrecklich, kaum lernt man einen Typen kennen, der einem gefällt, dann ist er auch bestimmt schwul. Wir Frauen haben es nicht einfach hier." Loli klagt. Was ich für das typische Gejammer einer 'Schwulenfreundin' halte, meint Loli durchaus ernst. "Hier gibts' mehr von euch als sonstwo auf der Welt." Mir ist auch schon aufgefallen, daß sich Männer auch außerhalb des *ambiente* begehrliche Blicke zuwerfen. "Aber wie ist das möglich? Kirche und Machismo sind hier doch so stark. Beide total schwulenfeindlich. Ich begreif' das nicht, daß homosexuelle Balz hier so sichtbar ist." "Mit der Kirche ist es hier anders als bei euch im Norden," meint Loli. "Für euch ist Religion ziemlich losgelöst vom Alltag, etwas Intellektuelles. Hier ist sie mehr Gefühl. Ihr lebt weniger, als daß ihr denkt!". Muß sie das jetzt auch noch sagen? Ich weiß sehr gut, wie sehr mich dieses 'deutsche Rationalisieren' hier im Alltag hemmt. "Die Leute rennen zwar in die Kirche und bekommen feuchte Augen, wenn sie in der Osterwoche die Jungfrau durch die Straßen tragen. Aber nicht etwa, weil sie christlich wären, sondern weil sie religiös sind. Das ist ein Unterschied." "Und was ist mit dem Machismo?" "Nun, alles ist auf den Mann zentriert, er ist das Maß. Er wird vergöttert, angebetet - oder erwartet das zumindest. Und wir tun ihm diesen billigen Gefallen. Da ist das Begehren des Mannes durch den Mann kein Wunder." "Du willst mir doch nicht im ernst sagen, daß diese typischen Macker in Wirklichkeit schwul sind?" Aber Loli läßt sich nicht abbringen. "Das Ganze ist eine Heuchelei von hinten bis vorne. Natürlich gibts' hier auch nicht mehr Schwule als bei euch, aber es gibt mehr Typen, die es auch mit Typen haben... Drei meiner Freunde wurden mir von Typen ausgespannt! Ich glaube, daß Männer das Zusammensein mit anderen Männern vorziehen. Und wo beginnt Sex eigentlich? Das ist doch alles nur eine Frage der Definition!" Tarik hat eine andere Erklärung: "In Wirklichkeit sind nicht die Frauen machtlos, sondern die Männer. Das Sagen in der Familie haben die Frauen. Die Großmutter ist das Familienoberhaupt. Der Dominanz der Mütter und Großmütter entkommt der Mann nur durch die Gemeinschaft mit anderen Männern. Machismo ist ein Gegengewicht zum übermäßigen

Druck zu Heirat, Familie und damit zur Abhängigkeit von der Frau. Daß Männer die Frauen so respektlos als sexuell verwertbare Masse behandeln, ist meiner Meinung nach die Rache an ihrer familiären Machtlosigkeit. Richtig lieben tun sie ihresgleichen." Tariks Erklärung befriedigt mich nicht ganz. Mehr Klarheit bringt Juans Meinung. "Der *mariquita graciosa* - der lustige Schwule - ist tief verwurzelt in unserer Kultur. Das ist ein Schwuler, der von allen geachtet wird, weil er auf den Festen, im Stadtviertel und auf den Märkten für Unterhaltung sorgt. Sexuell ist er ein Mann, sozial eine Frau. Die Männer bedienen sich seiner sexuell, weil er sozial nicht den gleichen Status hat wie ein normaler Macho. Und die Leute wissen das. Und dieses sexuelle Verhältnis ist solange akzeptiert, solange es der Macho ist, der vögelt und der *mariquita,* der sich vögeln läßt. Es ist nicht so wichtig, mit wem man seine Lust befriedigt, sondern welche Position man beim Sex einnimmt." Vielleicht ist die Verwirrung über den vermeintlichen Widerspruch auch nur ein Generationenproblem, wie mir meine Ethnologieprofessorin erzählt? Alles, was über 40 sei, fürchte Homosexualität wie der Teufel das Weihwasser. Sexuelle Freizügigkeit sei nur im Schutz von Festen und Alkohol gestattet, sozusagen als kanalisierter Ausbruch aus dem Alltag?

Es ist nicht leicht, in einem Land zu leben, das sich als Mittelding zwischen Okzident und Orient begreift; schon gar nicht als Schwuler. Ich habe es nie bereut, nach Sevilla gekommen zu sein. Clemens' Prophezeiungen sind nicht eingetreten. Ob es sich lohnt, die Stadt wegen ihres schwulen Lebens zu besuchen? Ich weiß nicht, ob es sich überhaupt lohnt, irgendeine Stadt lediglich zu besuchen. Leben müßte man hier!

Dieter Haller

DIE STADT DES NIE UND NIMMER

Alle Kinder, außer einem, werden erwachsen. Sie erfahren bald, daß sie erwachsen werden müssen, und Wendy hat es so erfahren: Eines Tages, als sie zwei Jahre alt war, spielte sie im Garten, und sie pflückte eine Blume und rannte damit zu ihrer Mutter. Ich vermute, daß sie ganz bezaubernd ausgesehen hat, denn Mrs. Darling griff sich ans Herz und rief: "Ach, warum kannst du nicht immer so bleiben!" Mehr wurde zwischen ihnen über dieses Thema nicht gesprochen, aber seither wußte Wendy, daß sie erwachsen werden mußte.

(James M. Barrie, Peter Pan)

Diese Stadt wiegt und verletzt, schafft vitale Abhängigkeiten, die vollkommen ungewöhnlich sind.

Menschen, die freier, erwachsener, reifer sind als die Sevillaner, knüpfen neutralere, großzügigere, vielleicht gleichgültigere Beziehungen zu "ihren" Städten. Viele Schriftsteller haben in diesem Jahrhundert ein Leben der Reflexion dem gewidmet, was Luis Cernuda als einen Irrtum aus Liebe (zu Sevilla) bezeichnet hat. Santiago Montoto, Joaquín Romero Murube, Juan Sierra, Alejandro Collantes, Rafael Laffón sind einige von denen, die sich bemühten, dieser absoluten Leidenschaft für die Stadt einen Namen zu geben. Manche opferten brilliante Zukunftsperspektiven, um in diesem goldenen Käfig zu bleiben. Alle waren gleichzeitig intensiv glücklich und zutiefst verflucht: das Schicksal derer, die von einer Leidenschaft beherrscht werden. Diese Beziehung existiert weiter, zwischen vielen Sevillanern und der Stadt. Aus Zurückhaltung und Scham werden sie nicht davon sprechen. Sie verkleiden sie und zeigen ihre übertriebene Karrikatur: den Ultrasevillanismus, der Fremden vorgeführt wird, damit sie nicht ahnen, wie tief die Verwurzelung der wirklichen Sevillaner ist.

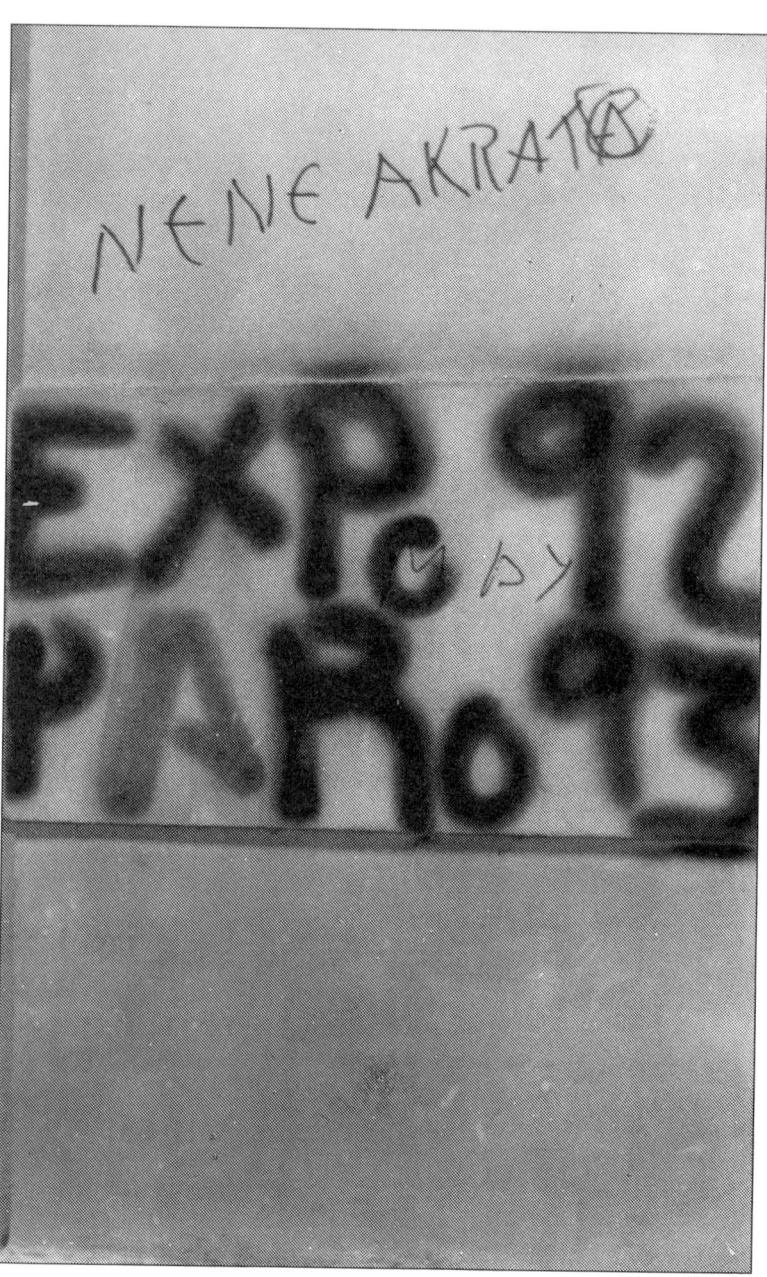

EXPO 92 - Arbeitslosigkeit 93

Und was hat dies - wird sich der scharfsinnige Leser fragen - mit dem Sevilla von 1992 zu tun, mit der Weltausstellung, mit den Veränderungen, die die Stadt erleidet und erleiden wird? Wozu der Diskurs über *peso* (Gewicht) und *herida* (Verletzung), der den überholten sevillanischen Idealismus der zwanziger und dreißiger Jahre wieder hervorholt?

Dieses so heftig debattierte Thema pocht noch immer unter dem Zweikampf zwischen der Stadt und der EXPO. Hier verbirgt sich einer der Gründe für die Distanz zwischen der Cartuja, dem Expogelände, und Sevilla, auch wenn erstere direkt am Herz des alten Stadtkerns liegt. Eben das führt dazu, daß wir Sevillaner, die wir auf der EXPO arbeiten, von einigen Freunden angeschaut werden wie Französlinge, die sich einem konsumbesessenen, akkulturierenden und entwicklungsgeilen Pepe Botella verkauft haben.

Das Wendy-Syndrom oder die Utopie des ewigen Sevilla. Ein Teil der Stadt will nicht, daß sie wächst - auch wenn er es nicht explizit zugibt. Das Traumbild, das ihre Verbindung aufrechterhält zu einem Idealbild, welches auf der Basis von Stadtfragmenten, Ausschnitten aus Büchern, und vor allem Erinnerungen konstruiert ist, soll nicht zerbrechen. Wenn wir sagen, ein Teil der Stadt, beziehen wir uns auf eine Gruppe von idealistischen und dekadenten Intellektuellen. Die üppige Vitalität der sevillanischen Volksfeste zeigt, daß die Zahl der Träumer größer ist, als oftmals angenommen wird. Die Verbindung zum literarischen Sevilla ist ein Vorrecht Weniger. Die Bande aber, welche das Sevilla der Semana Santa und der Feria, des Ritts der Heiligen Drei Könige und des Rocío, der Velás und der Maikreuze zusammenhalten, sind Sache der Massen. Man kennt keine größeren Menschenansammlungen, als die von diesen Festen angezogenen, und keine vergleichbare Begeisterung oder Identifizierung.

Der Wissenschafts- und Entwicklungsoptimismus scheint für immer verbraucht. Am Ende des zwanzigsten Jahrhunderts hat sich der Mensch, der seine Verbindung zur Erde noch bewahrt hat, ängstlich wieder dem zugewandt, was ihm Sinn vermitteln, ihn verwurzeln könnte.

Dies ist keine abgehobene Theorie. In Sevilla wird dieses Phänomen - auf unbewußter Ebene - gelebt, in einem neuen Lokalpatriotismus, in den Volksfesten, deren Kraft und Lebendigkeit überraschen. Niemals haben soviele Menschen mit so verzweifelter und ausschließlicher Intensität an der Semana Santa, der Feria oder dem Rocío teilgenommen. Während vieler Jahre waren Velás und Maikreuze vernachlässigt worden, und nun wuchern sie aufs Neue in allen Stadtvierteln. Welche anderen Gründe könnten diese geradezu dramatische Form des Beharrens auf den Zeichen kollektiver Identität erklären? Durch sie isoliert sich der Sevillaner von einer verrückten, technologischen Welt, bindet sich an die Idee einer Stadt, die harmonische Beziehungen zwischen den Menschen und zwischen Mensch und Welt ermöglicht. Er gräbt eine Werteskala aus, in der der Mensch wieder Zentrum eines Universums ist, das auf die messbaren, erfahrbaren, beherrschbaren Proportionen einer Stadt reduziert wird. Und noch dazu einer Stadt, die sich nicht vergrößert, nicht verändert hat. Wie eine Wendy, die der Versuchung, ins Niemalsland zu gehen, nachgegeben hätte.

Die Karwoche ist, neben vielen anderen Dingen, der Ausdruck von Sehnsucht nach dem Modell einer theozentrischen Stadt, die nur Kulisse für das große, barocke Fest ist. Die Feria ist die szenografische Rekonstruktion eines idealen Sevilla, mit Häuschen aus Leinwand, die an die Räume nachbarschaftlichen Zusammenlebens, oder die kleinen bürgerlichen Innenräume erinnern, mit Spitzendeckchen und Spiegelleuchtern, die Straßen voll von Pferden und Kutschen (die Zeit ist stehengeblieben!). Der *corpus* (Fronleichnamsfest), der, nachdem er in den 70er Jahren dahingewelkt war, in den letzten Jahren einen unerwarteten Glanz erhalten hat, ist die Repräsentation der Stadt, eingeteilt in Stände und Bruderschaften. Alles ist hierarchisch geordnet und Gott ist Basis und Gipfel, Träger und Dach dieser perfekten Welt (frisch der Sommermorgen, durchdringender Geruch nach Rosmarin), die still in sich zusammenfallen, und die Leere eines traurigen, endlosen Nachmittags zurücklassen wird. Der Rocío ist die Sehnsucht nach dem Land, dem einfachen, auf das Wesentliche beschränkte Leben, der ursprünglichen Kameradschaft derer, die Nahrung und Feuer teilen. Die Velás rekonstruieren den Begriff einer Stadt, die so unwirklich ist wie das eben erwähnte Landleben. Auf jedem Platz und in jeder Straße werden Glühbirnen und

Laternen angebracht, man holt Leuchter herbei und stellt sie in die schwüle Sommernacht, Sevillanas werden gesungen; die hohen Häuserblocks werden ausradiert, die Straßen verschmälert und es entsteht wieder das alte Stadtviertel, mit dem man umgeht, als ob es sich um eine andere Zeit, um eine andere Stadt handelte.

Viele Sevillaner lehnen (ohne es zu wissen) die Welt ab, und ziehen sich zurück in diese überzeitlichen Realitäten des sogenannten "ewigen Sevilla". Beweis für ihre tiefe Verzweiflung ist der maßlose Eifer, mit dem sie ihr Universum gegen jedwelche Aggression von außen, so unbedeutend sie auch sein mag, verteidigen. Für sie und die literarischen Idealisten (die Leser von Romero Murube, Chaves Nogales und den anderen erwähnten Autoren) stellt die Expo 92 eine Bedrohung dar. Nicht für die reale Stadt, die sie leugnen, sondern für die, die sie sich ausgedacht haben in ihren Träumen. Sie fragen sie, wie Mrs. Darling ihre Wendy: "Warum mußt du wachsen? Warum kannst du nicht immer so bleiben?" Erträumt, erfunden, bühnenbildartig, besitzbar, tröstend.

Donnafugata. Aber eine Stadt, genau wie ein Mensch, kann nicht stehenbleiben, kann sein Wachstum nicht bremsen. Die Entscheidung Wendys war richtig: nicht mehr ins Niemalsland zurückzukehren, ihr Schicksal des Erwachsenwerdens zu akzeptieren, und den Lichthof ihrer Kindheit für immer hinter sich zu lassen. Ebensowenig gibt es die Niemals-Stadt. Sich in ihren Traum zu verwickeln heißt, das zu zerstören, was von der glänzenden Vergangenheit geblieben ist, und eine Zukunft zu sichern, die nicht mehr sein kann, als die Verlängerung einer anderen Vergangenheit. Der nämlich, die nach den - ach so glücklichen - 20er und 30er Jahren kam, als der Schlaf oder die Flucht der Besten ausgenutzt, und die Stadt von den Schlimmsten eingenommen und ausgeplündert wurde.

Dies ist der Preis des Schlafs. Sevilla hat sich selbst verloren, indem es die Augen verschlossen und Veränderungen negiert hat, anstatt sie zu verhindern, indem es sich zurückgezogen hat in einen provinziellen Lokalpatriotismus, der weder ihrer jüngeren Vergangenheit, noch ihrer Geschichte gerecht wird. Die rohen

Entstellungen, die es in den 60er und 70er Jahren erlitten hat, haben es unwiderruflich geschädigt. Das Dahindämmern des kulturellen Lebens hat zum Schließen der Theater und der historischen Kinosäle geführt. Das Wachstum der neuen Außenviertel war unsinnig und der historische Stadtkern wurde seinem Schicksal der Zerstörung und des Verfalls überlassen. Die wenigen Restaurierungsprojekte waren - wie man am Beispiel des Museums der Schönen Könste sehen konnte - Grobheiten, die die Gebäude, über die sie sich hermachten, kränker anstatt gesünder zurückließen.

Seit den 50er Jahren bis zum Beginn der Demokratie war Sevilla in allem den "grauen Katzen" ausgeliefert, die sie im Frühling besuchten (um dort die Karwoche und die Feria zu verbringen), und einigen lokalen Autoritäten, die sich weder durch Sensibilität oder humanistische Bildung, noch durch die Liebe zur Stadt auszeichneten. Ihre Herren waren sehr daran interessiert, daß niemand die Träume der Sevillaner stören, daß die Utopie einer perfekten Schönheit, die schon seit langer Zeit degeneriert war, nicht in Frage gestellt werden sollte. Sie, die reaktionärsten und konservativsten Schichten der Stadt, sind diejenigen, die heute am lautesten gegen die Expo und die Veränderungen, die sie für Sevilla bringen wird, anschreien. Es ist nicht historisch-kultureller Konservativismus, was sie verteidigen, sondern schlicht und einfach politischer Konservativismus. Selbst der Duque de Alba, "graukatziger" Vertreter Sevillas für die Weltausstellung, hat die Inbesitznahme der Identitätszeichen der Stadt durch die, die sie in die heutige Situation der kulturellen und ästhetischen Hinfälligkeit geführt haben, denunziert: "Die Kritiker sind die Söhne derer, die die Giralda in eine widerwärtige Mauer aus Zement eingeschlossen haben. Dies Sevilla ist das, welches Machado dazu brachte zu sagen: wie schön ist Sevilla ohne die Sevillaner." Sevilla darf auf die Sirenengesänge derer nicht hören, die wollen, daß es sich nicht verändere. Ihre Begründung ist, daß jegliche Veränderung in negativer Weise zurückwirken wird auf das Gewebe der Stadt, auf die Lebensweisen, auf die traditionellen Feste. Das stimmt nicht. Vielmehr war es so, daß die Stadt am meisten ihrer selbst entleert wurde, als **sie** sie beherrschten. Die idealistische Illusion läßt den Zerstörern freie Hand. Der

Rückzug in den städtischen volkstümlichen Uterus, der durchaus positive Seiten hat und der eine Wiedergewinnung eigener Interpretations- und Lebensformen der Realität voraussetzt, ist auf fürchterliche Weise von den Fortschrittsgegnern manipuliert worden. Sie präsentieren ihn in den Kommunikationsmedien in einer zerriebenen Form, verwandelt in eine folklore-konsumistische Vogelscheuche. Obwohl der Veränderungsprozeß, den die Stadt derzeit durchlebt, nicht frei ist von Spekulation, Mißbrauch, mangelnder Sensibilität gegenüber ihrem eigentlichen Charakter, ist es doch eine Veränderung, sogar ein Wachstum, was sie braucht, um sich nicht fortschreitend selbst zu verlieren. Um die lokalen Tyrannen zurückzudrängen, damit sie offen und gelassen sie selbst sein, und die Fremdenfeindlichkeit, die dem Kleinsein und der Schwachheit anhaftet, ablegen kann.

Weißer Abgrund. Der Reisende, der sich in weißen, schneebedeckten Ebenen verirrt hat, muß der Versuchung widerstehen, der Müdigkeit nachzugeben und sich auf der vereisten Oberfläche niederzulegen. Er fiele in einen Schlaf, der ihn unweigerlich vom Leben in den Tod führen würde. Auch Sevilla ist - vor allem während des langen Sommers - eine weiße Hölle aus Kalk und Licht, die zu einem Schlaf einlädt, der - wie wir schon sagten - an die Schwelle seines eigenen Todes geführt hat. Wenn es bewahren will, was von ihm selbst noch geblieben ist, kann und darf es sich nicht diesem Schlaf überlassen, darf es nicht fortfahren, sich in Bildern widerzuspiegeln, die ihm schon lange nicht mehr entsprechen. Deswegen muß es "seine Mentalität einer provinziellen Stadt, die Veränderungen stören, - wie kürzlich der Architekt Juan Ruesga geschrieben hat - vergessen", und sich der Expo als einer Herausforderung stellen. Zu diesem fortgeschrittenen Zeitpunkt spielt es schon keine Rolle mehr, ob die Ausstellung nun erwünscht ist oder nicht, ein Geschenk oder eine Last darstellt: Tatsache ist, daß sie da ist. Nicht draußen, außerhalb der Stadt, sondern mittendrin; daß sie anfängt, ein Teil von ihr zu werden, und sie in ihrer gesamten Struktur angreift. Wenn man durch den romantischen bequerianischen Stadtteil San Lorenzo streift (sinnbildlich eines der durch die Literatur am meisten vorbelasteten, und gleichzeitig eines der durch die Spekulation am meisten zerstörten Stadtviertel), sieht man, wie seine schmalen Sträßchen fast direkt auf die neuen Brücken münden, und auf die neuen Gebäude auf der Insel der Cartuja zuführen. Wenn man von der Insel aus auf Sevilla schaut, überrascht die Nähe des historischen Zentrums: wenige Meter vom Ausstellungsplatz entfernt befindet sich die Torre de Don Fadrique, der Kirchturm von San Lorenzo, der Glockenturm von San Antonio. Getrennt nur noch durch die entsetzliche Asphaltwüste der Calle Torneo, das Labyrinth aus Gleisen, welches zum Córdoba-Bahnhof führt, und den toten Flußarm. Die radikale Umwandlung dieser drei Elemente führt dazu, daß sie zu positiven Symbolen der Relationen zwischen der Expo und Sevilla werden: die Calle Torneo ist, - statt wie bisher ein überlasteter Verkehrsring - eine offene Promenade, die durch Grünanlagen zum Fluß und zur Cartuja führt. Das Labyrinth aus Gleisen verschwindet, um diese Promenade möglich zu machen, und damit ist die Öffnung des gesamten sevillanischen Zentrums auf diese neue Zone städtischer Ausweitung ermöglicht. Der stillgelegte Flußarm wird auferweckt und fließt wieder, nachdem der Verschluß der Chapina entfernt wurde. Eine Stadt gewinnt Profil, kein neues, aber doch ein anderes. Die Zukunft Sevillas im 21. Jahrhundert hängt vom Willen der lokalen Machthaber und der städtischen Kollektive ab, sich beim Aufbau des Projekts zu integrieren. Es kann und darf keinen Zusammenprall zwischen Sevilla und der Expo geben. Denn wenn es einen solchen gibt und er nicht in positiver Weise gelöst wird, werden beide beschädigt daraus hervorgehen; und wenn beide geschädigt sind, wird es die Stadt in doppelter Weise sein, denn sie bleibt - die Ausstellung geht vorüber.

Das Problem der Expo und Sevillas, dieser bislang schwierigen Beziehung, ist nicht nur ein politisches oder ökonomisches Problem. Es ist - und das wollten wir hier darstellen - ein Problem der Charaktere, der Empfindsamkeiten. Die Ausstellung, als konventionelles Symbol des Fortschritts, als technologische Fiesta, als Erinnerung an die Ära der Entdeckungen, ist angekommen in einer skeptischen Stadt, die oft betrogen wurde, die es, wie eine melodramatische Heldin, vorzieht, sich keine Illusionen zu machen, um sich die Enttäuschung danach zu ersparen; ist angekommen bei einer Bevölkerung, die sich verängstigt in ihre

Traditionen und Riten zurückgezogen hat (wenn auch in ihre makroskopische und konsumistische Version), und stolz verbarrikadiert in den heruntergekommenen, gedemütigten Ruinen eines Erbes, das sie nicht zu bewahren wußte. Endlich ist man sich aber auch dessen bewußt, etwas zu besitzen, was einzigartig ist, Grund für ihr Leben, Kraft, die daraus resultiert, etwas zu sein, was ergreift, was Gewicht hat, einen Platz zuordnet, und das ist es, was Sevilla heute ausmacht. Und genau dies fürchtet man, durch die Ausstellung zu verlieren. Wenn die lokalen Machthaber ihre Trägheit ablegen und ihre internen Kämpfe aufgeben würden, die Verantwortlichen der Expo ihre fortschrittsideologische Überheblichkeit zurückschraubten, und ihre totale Unkenntnis des sevillanischen Charakters beseitigten, dann würde der durchschnittliche Sevillaner wahrscheinlich begreifen, daß die Expo ein hervorragender Vorwand sein kann, um wieder aufzubauen, zu modernisieren, zu erhalten, zu rationalisieren. Ein Sevilla mit weniger Traumata, mit weniger Spaltungen zwischen Vergangenheit und Gegenwart, so fest verbunden mit seinem gewachsenen Charakter, seiner Vergangenheit, daß es vor einer Zukunft der Öffnung keine Angst mehr zu haben braucht.

Bewußt haben wir die wirtschaftliche Analyse hier außer acht gelassen und auf ökonomische Grundsatzfragen verzichtet. Wir haben dies Fragen untergeordnet, die vielleicht ungenauer, aber sicher nicht weniger wichtig sind, wenn nicht die Expo selbst thematisiert wird, sondern ihr Verhältnis zu dieser prächtigen und kranken Stadt. Wird Sevilla die Expo nur überstehen wie eine Epidemie, oder einen technologischen Meteoriten, oder wird es der Stadt dank ihr und den Veränderungen und Investitionen, die sie gebracht hat, besser gehen? Sicher ist, daß es sich um eine einzigartige Gelegenheit handelt, das in den 50er und 60er Jahren verkommene Sevilla zu vergessen, und zu erreichen, daß die Stadt sich einem Kampf um die Erhaltung ihres wirklichen und inneren Seins verpflichtet.

Carlos Colón

Übersetzt von Brunhilde Romer

INTERVIEW MIT MARTIRIO

Früher schaute ich mich im Spiegel an und dachte, "wer wird dich bloß mögen?"

Martirio de Pasión (Märtyrerin aus Leidenschaft), für ihre Freunde Maribel Quiñones, spricht mit Lola Díaz über ihre Lebensphilosophie und ihre neue Platte, "Die Kugel der Welt und die Liebe".

- Eines der Lieder in deinem neuen Album, "Der Angeklagte", ist sehr lustbetont und scheint Masochisten gewidmet zu sein...
- Es ist eher eine Mahnung an die Masochisten und Masochistinnen. Der Angeklagte ist ein Mensch, der sich in der Liebe dem Anderen nie total ausliefert.
- Es hört sich fast so an, als ob du aus eigener Erfahrung sprichst...
- Na klar, ich habe noch nie über Dinge geschrieben, von denen ich nichts verstehe. Darum ist mein Leben mit meinen Texten auch sehr verflochten. Den Namen Martirio habe ich mir ausgewählt, um darüber hinauszuwachsen.
- Dein Künstlername ist also auch kein Zufall...
- Er trägt viele Konnotationen in sich, zum Beispiel die einer Frau, der man genau beigebracht hat, wie eine typische Hausfrau zu leben, die aber später feststellen muß, daß das Leben ganz anders ist; einer Frau, die dazu gezwungen ist, die Phantasie zugunsten des realen Lebens zurechtzustutzen.
- Hast du es geschafft?
- Irgendwann ist mir klar geworden, daß ich an mich glauben muß, und mit dieser Überzeugung bin ich in die Löwengrube gegangen, in der die Märtyrer sitzen, um meine Überzeugung zu verteidigen. Das ist auch der Grund, warum ich meinen Künstlernamen noch trage, obwohl er aus einer Zeit stammt, in der ich erst noch lernen mußte, zu mir selbst zu stehen.
- Wie kam es, daß du dieses Wagnis eingegangen bist?
- So, wie solche Dinge eben passieren. Ich litt sehr unter einer Trennung, alles brach über mir zusammen, und da stand ich vor der Frage: wohin geht dein Weg jetzt? Und weil die Musik für mich schon immer eine Befreiung war, habe ich angefangen,

ernsthaft Musik zu machen. Vorher hatte ich schon mit Kiko Veneno und Pata Negra zusammengearbeitet, aber nun hatte ich ein unheimlich starkes Bedürfnis, etwas eigenes anzufangen. Der Gedanke, meine Stimme im Radio zu hören, war ein wichtiges Ziel.

- Nur das?

- Ich hatte auch das Bedürfnis, für Frauen zu singen, weil niemand für sie sang. Es gab natürlich schon von früher viele interessante romantische Sachen, aber ich wollte so etwas in der Sprache von heute machen, indem ich Rock und Copla verband. Das ist die Musik, die mir gefiel.

- Magst du Madonna?

- Mir erscheint sie sehr unruhig, sehr kreativ und auch sehr beherrscht zu sein. Es ist mir eigentlich egal, wie sie singt. Ich glaube nicht, daß dies das wichtigste an ihr ist. Sie ist eine Schlüsselfigur, die viele Schemata bricht.

- Aber du provozierst doch auch mit deinen dunklen Brillen und deinen surrealistischen Peinetas! Ich habe in letzter Zeit den Eindruck, daß es notwendig ist, das Publikum zu verblüffen, wenn man berühmt werden will.

- Wenn man die Dinge übertreibt, dann werden sie greifbarer. Ich glaube jedoch, daß zur Zeit gerade alles normaler wird, obwohl ich selbst großen Wert auf Ästhetik lege, abgesehen davon, daß ich die Größe meiner Peinetas reduziert habe. Unter anderem deswegen, weil meine neue Platte eine neue Herausforderung für mich ist, eine Herausforderung, weil ich möchte, daß die Leute auf meine Texte hören und weil mir die Seele beim Schreiben der Lieder die Feder geführt hat, weil ich über die Bühne tanze...

- Hast du schon immer gesungen?

- Ja. Außerdem hat meine Mutter sehr gut Flamenco gesungen. In der Schule habe ich im Chor gesungen und auf Schulfesten. Aber ich dachte nie daran, einmal Sängerin zu werden.

- Und was wolltest du später werden?

- Eigentlich gar nichts, weil ich mit 18 geheiratet habe. Ich habe einen 17jährigen Sohn.

- Hattest du nicht Angst davor, so jung deine Freiheit aufzugeben?

- Angst? Überhaupt keine. Außerdem war ich schwanger von einem Mann, den ich sehr geliebt habe und mit dem ich gegangen bin, zuhause in Huelva. Und auf einmal saß ich da mit einem Kind und einer fürchterlichen Unordnung. Ich habe angefangen, Philosophie zu studieren, habs' dann aber bald wieder gelassen. Weil mein Mann Arzt war, habe ich als Krankenschwester gearbeitet. Ich habe Versicherungen verkauft und alles mögliche gemacht, weil wir zuhause keinen Pfennig hatten. Dann habe ich auch mit Kiko Veneno und anderen Freunden gesungen, aber das war nichts ernsthaftes.

- Du bist also zu Martirio de Pasión geworden, als deine Ehe in die Brüche ging. Das war vermutlich nicht ganz einfach...

- Es war furchtbar schwierig, ich hatte fast kein Geld und wußte auch nicht, was ich machen sollte. Aber ich hatte Glück. Trotz meiner Mittellosigkeit und dank meiner Freunde habe ich die Sache wieder in den Griff bekommen.

- Hattest du keine Angst?

- Das einzige, vor dem ich Angst hatte, war zu versagen. In meinen Liedern habe ich immer von Dingen gesungen, die mir selbst passierten. Und was mir passierte, war ziemlich übel. Davon handelt sowohl die erste wie die letzte Platte. Ich fand keinen Ausweg aus der Beklemmung bis ich mir darüber klar wurde, daß die Lösung meiner Probleme in mir selbst liegt.

- Was meinst du damit?

- Na, daß du dauernd von anderen geprüft wirst. Etwa jetzt, wo du erwachsen bist und eine feste Beziehung hast und erlebst, daß er dich prüft und du ihn. Aber wenn du dir die Angst nimmst und sagst, schau her, so bin ich und ich werde mein Leben auch für dich nicht ändern und auch nicht verlangen, daß du deins für mich änderst, genau dann löst sich die Beklemmung auf. Aber dazu brauchst du einen Typen, der dich nicht leiden läßt.

- Du hast so etwas gefunden?

- Ich habe gelernt, mich nicht von einfältigen Illusionen täuschen zu lassen und das einzige was ich möchte ist, daß meine Gefühle vom Bauch her stimmen. Das heißt, daß mich meine Liebe schöner, jünger und kreativer macht. Wenn das fehlt! Scheiße!

- Viele Leute halten ja aus Bequemlichkeit, Unfähigkeit oder einfach aus Angst vor dem Alleinsein an einer Beziehung fest.

- Das passiert häufig. Mir gings in meiner letzten Beziehung ein ganzes Jahr lang so. Weil du dich auf tausenderlei Weise selbst täuschst, aus Furcht, eine klare Position zu beziehen. Wenn du dich dann löst und fähig dazu bist, alleine zu sein, ist das ein unglaubliches Gefühl der Befreiung.

- Jetzt bist du solo?

- Ja. Ich lebe mit meinem Sohn, aber ich habe keinen Mann und muß mich auch nicht verzweifelt alle 5 Minuten ans Telefon hängen. Wenn ich an dieser letzten Beziehung hängengeblieben wäre, dann hätte ich die letzte Platte nicht gemacht und wäre heute nicht die Frau, die ich bin. Vor zwei Jahren habe ich in den Spiegel geschaut und gedacht, "wer wird dich bloß mögen?"

- Hast du Probleme damit, eine attraktive Frau zu sein?

- Ich denke nicht, daß ich Männer anziehe, weil ich hübsch bin, sondern wegen anderer Dinge. Natürlich habe ich Diskriminierungen erlebt, weil ich eine Frau bin, aber auch keine außergewöhnlichen. Wir Frauen leiden mehr als sonstwer.

- Wieso?

- Weil der, der leidet, sehr liebt. Und darin haben wir Frauen eine Ausdauer und eine Fähigkeit, die den Männern abgeht. Angefangen vom allmonatlichen Schmerz wegen der Regel. Ich habe mich wegen solcher Sachen zweifellos diskriminiert gefühlt und weil ich Kinderlähmung hatte und seit meiner Jugend hinke.

- Hat dich das sehr geprägt?

- Ich weiß heute, daß die Kinderlähmung ein Segen für mich war.

- Ein Segen?

- Ja. Ohne die Kinderlähmung hätte ich mir nicht halb soviel Gedanken gemacht.

- Aber du hättest weniger gelitten...

- Wenn du mit einer körperlichen Behinderung lebst, dann verinnerlichst du viel mehr, du bleibst nicht wie du bist, du mußt über dich hinauswachsen, mußt die Behinderung immer mit in Betracht ziehen. Dann bist du besser in der Lage, 50.000 Sachen zu erledigen, und das macht dich stark und verändert die Bedingungen. Außerdem habe ich noch nie zuwenig Liebe gehabt. Ich hatte Probleme auf anderen Ebenen, aber durch die Kinderlähmung bin ich sehr viel toleranter und besser geworden.

- Hättest du gern für den Golfkrieg gesungen?

- Nein, ich bin Pazifistin.
- *Würdest du dich in einer Zeitschrift nackt abbilden lassen?*
- Ich glaube nicht. Stattdessen lasse ich mich ohne Brille fotografieren, das ist viel bequemer und sie zahlen mir dasselbe.
- *Hat man dir Angebote gemacht?*
- Ein paar, aber nichts ernstes.
- *Vorher hast du gesagt, daß sich dir die Männer nicht nähern, weil du hübsch bist. Was sind dann die Gründe?*
- Ich weiß natürlich, daß ich Sex-Appeal habe, und Zärtlichkeit, und daß sehr viel Frau in mir ist. Oder anders gesagt: abgesehen vom Kopf gibt es eine Kraft zur Verführung und eine weibliche Seele, die ich für fundamental halte, und ich habe beides.
- *Manche sagen, dir gefallen sowohl Männer wie Frauen...*
- Schau her, ich sehe eine schöne Frau auf der Straße und sage zu meinem Partner: Hast du gesehn' wie toll die ist? Aber ich werde nicht nervös. Ich verstehe sehr gut, daß sich zwei Männer oder zwei Frauen lieben, und ich mag sowohl Männer wie Frauen, dafür was sie sind und was sie mir geben. Fürs Bett ziehe ich jedoch einen Mann vor.
- *Hast du keine Erfahrungen mit Frauen?*
- Ich hatte intime Gespräche und Zärtlichkeiten mit Tausenden von Frauen, aber im Bett... nein. Ich habe mit vielen Lesben und Schwulen zusammengelebt und bin mit ihren Problemen recht gut vertraut.
- *Du scheinst die Tiefe der Depressionen sehr gut zu kennen. Was ist das für dich, wie kommst du aus ihnen wieder heraus?*
- Depression ist, die Farben nicht mehr zu sehen, nicht von Dingen, nicht von Menschen, nichtmal von dir selbst. Das einzige Rezept das ich kenne heißt sich nicht aufzugeben, zu kämpfen. Vielleicht hänge ich 3 Monate zuhause herum und möchte nicht, daß mich einer sieht. Aber letztendlich schaffe ich es immer wieder, weil es auf der Straße vielleicht jemanden gibt, der mir den Schlüssel dazu gibt. Und du mußt dich um dich kümmern, mußt dich mögen, dich hübsch machen, in Blumen baden, zärtlich zu dir sein, dir deine Augen und Haare anschauen. Mädel, mir sind sogar die Haare ausgefallen vor soviel Leiden!
- *Hast du nie an Selbstmord gedacht?*

- Nein, dazu habe ich mich nicht getraut. Ich habe eine Scham davor, nicht weil ich religiös wäre, sondern weil ich immer gewußt habe, daß ich mich nicht aufgeben darf. Ich wußte, daß ich das ganz alleine schaffen mußte, abgesehen davon, daß ich mir manchmal den Kopf an die Wand geknallt habe, weil mein Körper soviel Schmerz nicht aushielt.

- Und wie hast du's dann geschafft?

- Die Kunst und die Musik haben mir da viel geholfen, ich meine die Kunst, Dinge anzuschauen, weil es in solchen Zeiten ja unmöglich ist, etwas zu schreiben oder auf die Bühne zu gehen. Mein Sohn und eine Freundin haben mir viel geholfen. Wenn du in solchen Momenten jemanden neben dir hast und merkst, daß der dich mag, auch wenn du dich selbst nicht magst, dann reißt dich das schon aus der Depression heraus. Ich habe da eine Theorie, die von der "Kugel der Welt und die Liebe", die ich im letzten Jahr auf einem Seminar in der Universität von Deusto, wo ich mit anderen Künstlern eingeladen war, entwickelt habe, als ich aus der Depression herauskam.

- Worin besteht diese Theorie?

- Die Kugel der Welt und die Liebe ist etwas, das wir in der oberen Schulterhälfte in uns haben, etwa in Höhe des Genickes. Es gibt Leute, deren Kugel wächst, die sie sauber halten und von ihr erfüllt sind, und Leute, die die Kugel verkommen lassen. Du hast also mehrere Möglichkeiten: sie zu pflegen oder zuzulassen, daß Andere an ihr nagen. Verstehst du?

- Also... nicht ganz.

- Es ist sehr einfach. Es gibt drei Typen von Menschen: die Kugelträger, die ich 'die Natürlichen' nenne; die, die dir an der Kugel nagen - das sind 'die Angeklagten'; und die, die sich von ihr blenden lassen - die nenne ich 'die Blender'. Aber jeder hat von allen dreien was, das hängt davon ab, wen wir vor uns haben.

- Ich verstehe es noch immer nicht.

- Schau, Blender, das sind diejenigen, die mit deiner Kugel, deiner Kreativität und deiner Ausstrahlung herumspielen. Das sind die, die ihr Leben mit Schmeicheleien verbringen, die dir die Vorhänge aufhängen oder die Waschmaschine die Treppe hochtragen, ohne daß du weißt, warum. Zum Beispiel, wenn du zuhause ein Essen vorbereitest, dann sind es die Angeklagten, welche die Zeitung lesen oder fernsehen; die Natürlichen reden von der Liebe, während du kochst und die, welche Bier holen, sind die Blender. Ein Beispiel für einen berühmten Angeklagten ist Humphrey Bogart. Uns Hausfrauen gefallen die Angeklagten, obwohl die an unsrer Kugel nagen.

- *Womit hängt das zusammen?*

- Wenn wir vor einem Angeklagten stehen, denken wir immer: du Armer, dir haben sie nicht die Liebe gegeben, die dir zukommt, aber ich werde deine Wunden heilen. Ganz eindeutig fühlen wir Natürlichen eine göttliche Ekstase, wenn ein Angeklagter um uns wirbt.

- *Warum?*

- Es ist wie beim Stierkampf. Der Stier ist natürlich mit seinen Hörnern, aber der Torero - ein Angeklagter - hat nur seine Banderillas. Das Publikum, das einem applaudiert oder dich je nachdem ausbuht, sind unsere Freunde. Obwohl es letztendlich immer der Torero ist, der dem Stier den letzten Hieb versetzt, und zwar genau in die Stelle, wo die Kugel sitzt.

- *Und wo passen da die Blender hinein?*

- Wenn der Natürliche seinen Angeklagten verliert und am Ende ist, dann hängt er sich an einen Blender, weil er gerade da ist oder weil man gerade Liebe braucht. Aber wir nehmen ihn nie an Orte mit, wo andere Natürliche ihn sehen könnten. Wenn du dich aber mit einem Angeklagten einläßt, dann führst du ihn stolz all deinen Freunden vor, auch wenn die dann sagen, 'Mensch, na dir muß ja wohl nichts übrig bleiben als zu leiden!'

- *In welche Kategorie gehörst du?*

- Eine Natürliche. Aber wenn ich jemanden kennenlerne, den ich sehr bewundere, dann werde ich zur Blenderin, zum absoluten Tolpatsch. Genauso, wie ich zur Angeklagten werde, wenn ein Blender mir sein Leben zu Füßen legt und andauernd Liebesschwüre auf dem Anrufbeantworter hinterläßt. Dann sag ich, 'laß mich in Ruhe, du bringst es nicht fertig, daß ich zur Angeklagten werde'.

Interview aus Cambio 16 vom 12.08.91, geführt von Lola Díaz. Übersetzt von Dieter Haller.

Stundenlang ist der Bus in der nachmittäglichen Gluthitze schon unterwegs. Das Ziel ist Sevilla, Abfahrt war in Valencia. Es ist einer jener Busse, die an jedem Ort anhalten. Kaum hat er etwas Tempo zugelegt - die Mitfahrer werden optimistisch, heute abend doch noch in Sevilla anzukommen - setzt er den Blinker, biegt in eine noch kleinere Straße ab, fährt rein ins nächste Dorf. Minuten vergehen, bis die Leute ein- und ausgestiegen sind.

Unter den Mitreisenden ist auch **Rosa**, eine ältere Frau im typischen Schwarz, etwas ärmlich und bescheiden, die einiges an Gepäck mit sich schleppt. Sie ist in einem kleinen *pueblo* zugestiegen und muß auch schon bald wieder aussteigen.

Die Mitreisenden wirken immer genervter von der nicht endenwollenden Fahrt; Sevilla scheint noch ewig weit entfernt.

Rosa sieht aus dem Fenster, kein Dorf in Sicht, aber hier - auch wenn es keine Haltestelle gibt - muß sie aussteigen, um den Fußmarsch von 5 Kilometern bis nach Hause anzutreten. Sie steht auf, nimmt ihre Taschen und Tüten, geht an die hintere Tür. Durch den ganzen Bus laut gegen das Motorengeräusch rufend, bittet sie den Fahrer, hier anzuhalten. Keine Reaktion, der Bus heult auf und rast weiter. Rosa schreit noch einmal und noch einmal gegen den Lärm an, um das Mißverständnis, daß er sie vielleicht nicht gehört haben könnte, auszuräumen. Schweigen im Bus, alle schauen gespannt zwischen dem Busfahrer und Rosa hin und her. Endlich, der Bus verlangsamt sein Tempo, sucht eine geeignete Stelle, um auf der schmalen Straße anhalten zu können, wird leiser und hält schließlich an. Die hintere Tür öffnet sich, mit einem lauten *gracias* verabschiedet sich Rosa, und ohne weitere Worte wird die Reise nach Sevilla fortgesetzt.

Sie lebt für den Frühling, wahrlich ihre intensivste Zeit im ganzen Jahr. Ansonsten fühlt sie sich eher abgestellt und vergessen. Doch im Frühjahr lebt sie auf, vergißt die Tränen auf ihren Wangen, würde sie am liebsten wegwischen. Aber das geht nicht, sie gehören zu ihr. Im Februar spürt sie neues Leben, freut sich auf die *saetas*, die ihr berühmte Sängerinnen und Sänger von Balkonen herab entgegenschmettern werden. Freut sich auf die Liebeserklärungen von Tausenden: *qué guapa, qué guapa es!*, auf die andächtigen Bekreuzigungen, wenn sie vorüberkommt.

Jede Menge Männer wird unter sie steigen und sie, auf ihren Nacken balancierend, durch die ganze Stadt tragen. Stundenlang werden sie unter ihr schwitzen und leiden, ihr dort oben gilt der Jubel. Viele Kerzen werden an ihrer Seite brennen, ein Blumenmeer wird sie schmücken und der Himmel aus Stoff über ihr wird sich im Rhythmus der tänzelnden Männer bewegen. Sie vertraut den Männern, sie werden sie durch die engsten Gassen hindurchmanövrieren, ohne anzustoßen.

Nur schade, ihr langer Mantel ist so schwer, er erdrückt sie, und wie gern würde sie den Leuten von ihrem *paso* aus zujubeln, winken und lachen, aber die *Virgen de la Triana* muß traurig sein und weinen.

María lebt noch bei ihren Eltern. Ihre Ausbildung zur Kunstlehrerin hat sie schon vor einiger Zeit abgeschlossen, aber ein Job läßt auf sich warten. Ihr Zuhause und ihre Familie engen sie ein, und doch liebt sie sie: ihre Mutter, ihren Vater, die Geschwister.

Ja, vor langer Zeit hatte María einen schwedischen Freund, sie durfte ihn sogar für einige Wochen besuchen. Aber damals - vor ihrem Studium - war sie zu jung, um alles hinter sich zu lassen, um in einem fremden Land ohne Ausbildung mit ihm zu leben. Er war sehr korrekt, so gerne hätte er mit ihr geschlafen, aber er akzeptierte, daß das nicht ging, daß die Jungfräulichkeit für sie so wichtig war. Wie beneidete sie ihren Bruder, der das lebte, was sie nicht leben durfte. Nun, die Beziehung mit dem Schweden konnte mit oder ohne Sex die Distanz nicht überbrücken.

Stärker denn je auf ihre Familie zurückgeworfen, versuchte sie ihr eigenes Leben zu finden. Da lernte sie auf der *féria* Juan kennen, einen netten Mann aus Santander. Seinen Urlaub wollte er mit ihr in Andalusien verbringen. Tagsüber würden sie ans Meer fahren, abends Händchen haltend durch das *barrio Santa Cruz* schlendern, denn nachts mußte María zu Hause sein, da gab es keine Diskussion. Auch er wollte ihre behütete Jungfräulichkeit nicht aufs Spiel setzen, aber wollten sie wirklich heiraten?

Nun, auch die Distanz nach Santander war nicht zu überbrücken. María merkte, sie hatte nur noch zwei Möglichkeiten: entweder warf sie all diese Traditionen von sich und verzichtete auf die bisher gewohnte Sicherheit, oder sie ließ sich endlich mit einem Sevillaner ein, behütete ihre Jungfräulichkeit bis zur Hochzeitsnacht und würde hoffentlich glücklich.

Isabella war 8 Jahre mit ihrer Liebsten zusammen; sie hatten eine eigene Wohnung, sich ein richtiges Nest gebaut.
Schon früh, oder besser gesagt, schon immer hatte sie sich mehr zu Frauen hingezogen gefühlt. Ihre Mutter ging damals mit ihr zum Psychologen, der bescheinigte ihrer Mutter, nachdem er ein längeres Gespräch mit Isabella geführt hatte, daß ihre Tochter ganz normal sei und es sich nicht um eine Krankheit handle.
Trotzdem mußte sie schon früh lernen, ihre Neigung eher heimlich zu leben: Keine Küsse oder Zärtlichkeiten, nicht einmal Arm in Arm gehen auf der Straße, denn als *tortillera* verschrien zu sein, war und ist auch heute noch das letzte.
Immerhin, Sevilla bietet ihr - schon früh hatte sie das Dorf ihrer Eltern verlassen - einen Rahmen, in dem es sich ganz gut leben läßt. Hier leben viele interessante Leute und sie hofft, daß sie hier wichtige *connections* knüpfen kann. Denn Isabella ist Sängerin und sie weiß, daß sie die Stimme hat, die ihr zum ersehnten Ruhm verhelfen kann. Aber zunächst rackert sie sich Tag für Tag ab: morgens Musikhochschule, Ausbildung in Gesang und Gitarre; nachmittags Jobs und am Wochenende tingelt sie von Konzert zu Konzert. Sie singt leidenschaftlich gern und deshalb macht es ihr nichts aus, von morgens bis nachts unterwegs zu sein.
Seit der Trennung von ihrer Liebsten ist ihr bewußt geworden, wie abgeschottet sie doch gelebt hatten, wie ein langverheiratetes Ehepaar. Deshalb genießt sie das sevillanische Nachtleben mehr denn je. Sie verkehrt in ganz bestimmten Kneipen, die unter der Hand als jene Treffs bekannt sind, wo sich Frauen, die auf den ersten Blick eigenwillig und eigensinnig wirken, treffen.
Isabella mischt sich mit Genuß unter diese Frauen, lacht, redet, palavert herum, fühlt sich einfach wohl und bestellt sich bei der nächtlichen, sommerlichen Hitze noch eine *copa*.
Inge Trunk

PRIVATLEBEN UND PRIVATSPHÄRE

Beim Vergleich des Verhaltens von Menschen unterschiedlicher Kulturzugehörigkeit, wirkt es mittlerweile schon wie ein Gemeinplatz, wenn man von dem berühmten "persönlichen Abstand", jener unsichtbaren Membran eines realen Raumes, spricht, die jeden Menschen umgibt. Dringt ein anderes Individuum, mit dem wir nicht in enger Beziehung stehen, in diesen Raum vor, dann fühlen wie uns unbehaglich oder verängstigt. Wir wissen, daß der Umfang dieses Sicherheitsabstandes von Kultur zu Kultur verschieden ist, und wir nehmen an, daß in einem mediterranen Kulturraum - wie in Sevilla - solch ein Abstand wahrscheinlich eine größere Nähe zwischen Menschen erlaubt als jener im deutschen oder im angelsächsischen Kulturraum. Das Abstandsphänomen ist nur einer von vielen Unterschieden, die das Verständnis physischer und psychologischer Privatsphäre in verschiedenen Kulturen kennzeichnen.

Von Blicken und Namen

So, wie Sevillaner sich ihrem Gegenüber im Gespräch ohne das Gefühl nähern, das Bedürfnis nach Unversehrtheit dieser Membran vielleicht zu verletzen, so zeigen sie auch keine Zurückhaltung, was das Anstarren von Passanten anbetrifft, die für 'interessant' gehalten werden. Von sevillanischen Freunden höre ich, daß Kleinkinder weder für das Anstarren anderer Leute gerügt werden, noch daß ihnen beigebracht wird, solch unverholene Zurschaustellung ihrer Neugier gegenüber Fremden als unhöflich zu betrachten. Jegliche Neugier bezüglich optisch fesselnder Merkmale kann daher durch unverblümtes Anstarren ohne Verlegenheit gleichsam zur Genüge befriedigt werden. Die Reaktion der meisten Nordamerikaner gegenüber solch freimütigem Interesse äußert sich in Nervosität, Gereiztheit oder sogar Entrüstung: der Schutzgürtel, der uns umgibt, wurde unverschämterweise durchbrochen. Unsere Kultur zwingt uns beim Betrachten anderer, Normen zu berücksichtigen, die eben dieses freimütige Anstarren für länger als einige Sekunden ausschließen. Wenn dieser kurze Moment vorüber ist, dann sind wir geradezu verpflichtet, den Blick sofort wieder abzuwenden, den Kopf zu senken oder weiterzugehen, da wir ansonsten in dem Beobachteten eine Reaktion des Ärgers oder der Verlegenheit hervorrufen würden. Besteht echte Neugier und soll ein Unbekannter genauer gemustert werden, sind von Pausen unterbrochene Phasen des Anstarrens zulässig, falls diese nicht allzu lange dauern und durch diskretes, vorgetäuschtes Desinteresse abgelöst werden. Die erste Reaktion des US-Amerikaners auf das sevillanische Anstarren äußert sich wahrscheinlich in Unglauben - ist es möglich, daß sie *ihn* wirklich so kaltschnäutzig angaffen?? - dann in Verärgerung und schließlich in Angewidertsein und Zorn - "Frechheit! Wie ungehobelt! Hat denen denn keiner Manieren beigebracht??" Der beim Gaffen ertappte Sevillaner wendet seine Augen nicht schnell ab und täuscht auch kein Interesse an einem zufälligen Gegenstand vor; natürlich wird ihm auch die Schamesröte nicht ins Gesicht steigen. In vielen Fällen wird er vielmehr einfach fortfahren, in die ungläubigen Augen des Fremden zu starren. Einige meiner Freunde aus Nordspanien erzählen mir, daß dieses Anstarren bei ihnen zuhause weit weniger verbreitet sei. Sie vermuten, daß es sich um einen 'arabischen' Charakterzug handelt; die gleiche Sinnlichkeit des direkten, unverfrorenen Blicks, dem man in Marokko begegnet - ein Beleg für das, was sie als die generelle Sinnlichkeit Sevillas und seiner Bewohner mit ihrem maurischen Erbe ansehen. Freunde aus benachbarten andalusischen Städten, wie z.B. Córdoba und Granada, gleichfalls Städten mit maurischen Wurzeln, bemerken ebenfalls, daß Sevillaner im allgemeinen *muy mirones* sind, d.h. zum "Gaffen neigen". Diese völlige Freiheit gilt nicht nur für die üblichen und alltäglichen Reize (z.B. schöne Frauen und Männer, ungewöhnliche Kleidung oder Haartracht, ausländische Touristen usw.), sondern auch für jene Benachteiligten unter uns mit körperlichen Behinderungen oder 'Mißbildungen'. Sevillaner recken ihre Hälse, um einen Kleinwüchsigen zu beobachten oder einen Menschen mit schweren Verbrennungswunden, einen Rollstuhlfahrer, einen hinkenden Krüppel oder jemanden mit verwachsenen Gliedmaßen. Der Neugierde, die auch wir spüren, können sie ungehindert frönen. Was immer die kulturelle Ursache solch unverholener Neugierde auch sein mag, Nordländer werden mit Fassungslosigkeit darauf reagieren, was sie als Unempfindlichkeit der Sevillaner gegenüber den Gefühlen des Behinderten oder Mißgebildeten ansehen. Zwar empfinden wir fast jede Art des Anstarrens als unangenehm, das Begaffen von Menschen mit Behinderungen oder 'Mißbildungen' aber entsetzt uns. Es wurde uns in unserer Gesellschaft beigebracht, darauf zu achten, von Menschen mit körperlichen Behinderungen niemals besondere optische Notiz zu nehmen. Wenn wir mit einem körperlich 'unvollkommenen' Menschen sprechen, achten wir peinlichst darauf, wohin sich unsere Augen wenden: niemals auf den 'Defekt'!; und wir sind stets wachsam, ihn in unserer Konversation bloß nicht zu erwähnen. Wir betrachten ihn als persönlichste Angelegenheit des Betroffenen - als eine intime Zone voller empfindlicher Nerven, wo die kleinste Bemerkung oder Frage eine Reihe von Alarmglocken und heulenden Sirenen auslösen würde: Verletzung der Privatsphäre!!!

Wir Nordamerikaner neigen dazu, moralische Eigenschaften unbewußt auf körperliche zurückzuführen, und deshalb fühlen wir uns vielleicht mehr gebrandmarkt, wenn unsere Defekte öffentlich bestätigt werden. Sevillaner kennen nur wenige solcher Tabus. Körperliche Defekte sind genauso Wirklichkeiten wie Perfektionen und sind deshalb auch als solche anzuerkennen, offen und ohne Beschönigung. Der Mann mit dem verkrüppelten Bein wird in seiner Nachbarschaft "El Cojo", "der Krüppel" genannt und so auch persönlich angesprochen. Dies geschieht mit einer Vertrautheit und Selbstverständlichkeit, der jegliche böse Absicht fehlt. Der junge Mann, dessen Haut von Narben übersät ist, wird "Cara Torta", "Streuselkuchengesicht" gerufen. Die dickleibige Hausfrau im Haus nebenan wird von allen Nachbarn mit "La Gorda", "die Fette" angeredet. Die Opfer haben ihr Schicksal scheinbar ohne Scham und Selbsthaß akzeptiert.

Durch eine Bemerkung erwähnen sie, was man gehofft hatte, niemand könne es wirklich wahrnehmen; jener garstige Pickel auf mancher Stirn. Oder jene fünf Pfund, die man während der Ferien zugelegt hatte und nun mit weiten Hemden zu verdecken sucht! Solche Kommentare stammen ebensooft von Bekannten, Leuten, die man kaum kennt, wie von Freunden. Den peinlichen

Schönheitsfehlerchen wird nicht nur mit normaler Lautstärke Beachtung zuteil, die in Mitleidenschaft gezogene Körperzone wird möglicherweise von der interessierten Seite sogar gedrückt, gezwickt oder zwischen den Fingern gewalkt, damit sie besser im Licht untersucht werden kann. Der Sevillaner wird außerdem mit echter Verblüffung reagieren, äußert man Schmerz oder nennt ihn gefühllos. Er fragt sich, warum jemand empfindlich auf eine körperliche Tatsache reagieren kann, die für die ganze Welt so offensichtlich ist? Warum sollte man nicht darüber sprechen? Für uns handelt es sich hier um Intimitäten, kleine Fehler, auf die uns nur nahe Freunde oder Familienmitglieder hinweisen dürfen. Die Neigung der Sevillaner, ein Ding bei seinem Namen zu nennen (oder, wie sie sagen 'el pan' 'pan' und 'el vino' 'vino'), entlarvt uns, die wir alles daran setzen, um das Eingeständnis zu vermeiden, daß nicht jeder von uns den körperlich perfekten Wesen auf unseren Fernsehbildschirmen gleicht, als Meister der Beschönigung.

Befinden wir uns im Terrain eines Sevillaners, dann ist es, als besäße auch er unseren Körper. Er fühlt sich so ungebunden, unsere körperlichen Mängel zu kritisieren, zu berühren und Gegenmittel zu verschreiben, als seien sie seine eigenen. Ich erinnere mich da an einen besonders typischen Vorfall. Als ich an einem sonnigen Nachmittag an der Universität die Straße entlang ging, traf ich zufällig einen flüchtigen Bekannten, einen Klassenkameraden von einigen Jahren zuvor. Während wir uns unterhielten, wanderten die Augen des jungen Mannes zu meinem Kinn und blieben darauf gerichtet. "Felicia", sagte er besorgt, "Du hast da ein ziemlich häßliches, langes Haar, gerade hier auf deinem Kinn...". Während er noch sprach und bevor ich verstand was passierte, kniff er das störende Haar zwischen Daumen und Zeigefinger und versuchte, es mit einen scharfen Ruck auf schmerzhafteste Weise aus meinem Kinn herauszuziehen. Gleichzeitig erläuterte er flott, "da haben wir's ja, ich reiß' es nur aus für dich". Ich schlug seine Hand weg und starrte ihn entgeistert an. Jenes lange, seidige Haar war eher ein zärtlich behüteter Spleen von mir, doch trotzdem war es unnütz gewesen, ungehalten zu reagieren. Er verstand es nicht. Er sah einfach mein Gesicht, mein Kinn als Teil der Öffentlichkeit an, und hatte den Drang verspürt, dessen ästhetische Eigenschaften zu verbessern. Dieser entnervende Freimut der Sevillaner, diese Plumpheit, die alles und jeden benennt, was sich ihm in den Weg stellt und auf persönliche Neurosen keine Rücksicht nimmt, wurde auf den Spanischen Realismus oder Naturalismus zurückgeführt; ein sowohl ästhetisches wie auch literarisches Empfindungsvermögen, das sich in der Malerei und Literatur des 16ten und 17ten Jahrhunderts beobachten läßt. Vielleicht verspürten die Spanier schon damals den Anstoß, Leiden und körperliche Deformationen zu erkennen und graphisch bis zur Übertreibung zu beschreiben. Man denke an Christusfiguren am Kreuz aus dem 16ten Jahrhundert mit all ihrer Leiden ausdrückenden blutigen Pracht, oder die qualvollen Gesichter und übertriebenen kristallenen Tränen von Marienfiguren aus derselben Epoche. So ist auch Cervantes' Sancho Panza eine Figur, die diesen Naturalismus durch seine erbarmungslose Grobheit der Sprache verkörpert. Ungeachtet der Ursprünge dieser Tendenz, empfinden Sevillaner ihre auf gnadenlose Weise realistische und Euphemismen verachtende Einstellung zu körperlichen Defekten als gesünder als unsereins. Befreundete Sevillaner betrachten unseren Versuch, selbst bei offensichtlichen Mängeln "einfühlsam" zu sein, als heuchlerisch. Im Fall eines Krüppels oder entstellten Menschen betonen sie sogar, daß diese Einstellung eine Verneinung des dem Behinderten eigenen 'Selbst' ist - eine Weigerung, die andere Person für das anzunehmen und zu akzeptieren, was sie weiß, das sie ist. Kurz, was wir als Höflichkeit anderen gegenüber betrachten, sieht der Sevillaner als Heuchelei und als kindlichen Wunsch an, in einer pseudo-perfekten Welt leben und bedeutsame Tatsachen nie eingestehen zu wollen.

Das eigene Zimmer

In gleichem Maße, wie ein Nordamerikaner in Sevilla oft erkennen muß, daß sein Körper zu einem Teil der Öffentlichkeit wird, so steht auch der architektonische Raum, den er sein eigen nennt, ungeschützt Eingriffen durch die Öffentlichkeit gegenüber. Das "Fremde", das er gewohnt ist, mit seinem Hausschlüssel nach

Belieben auszuschließen, drängt in Sevilla durch Mauerritzen und -spalte. Teilt er ein Haus oder eine Wohnung mit Sevillanern in einem von Sevillanern belegten Gebäude, dann ist es unmöglich, das zu erhalten, was er als die physische/psychische Unantastbarkeit und Ausschließlichkeit seiner Privatsphäre ansieht, auch nicht im 'eigenen' Zimmer. Bei uns zuhause wächst man mit der Einstellung auf, daß unser Zimmer oder unsere Wohnung stets als 'Allerheiligstes' zu respektieren ist. Teilt man aber eine Wohnung mit Sevillanern, dann lernt man schnell, daß diese Erwartung nicht erfüllt werden wird. Ich erinnere mich an den Schock, den ich das erste Mal hatte, als ich als Studentin in Sevilla in der Wohnung einer rechtschaffenen Señora und ihrer vier Kinder zur Untermiete wohnte. Ich hatte mein 'eigenes' Zimmer erhalten und meine Besitztümer an den von mir für geeignet gehaltenen Stellen verteilt. Eines Tages betrat ich das Zimmer, nur um feststellen zu müssen, daß eine der Töchter "saubergemacht" und währenddessen es als ihre Aufgabe angesehen hatte, meine ganzen Bücherberge, persönlichen Unterlagen, Parfümflaschen und Toilettenartikel, ja sogar die Unterwäsche in meinen Schubladen neu einzuordnen. Meine Selbständigkeit in meinem Zimmer war bedroht, und natürlich war ich darüber verärgert! Diese Aufräumaktionen wurden wöchentlich wiederholt; dazu kamen häufig ungebetene Besuche der beiden Töchter, die stets ohne anzuklopfen eintraten, um zu plaudern, Kleidungsstücke auszuborgen oder um eine heimliche Zigarette zu rauchen. Obwohl mir diese Besuche manchmal willkommen waren, empfand ich das Gefühl bedrückend, ständig anwesend und ansprechbar sein zu müssen und keinen Bereich zu haben, der für andere tabu war.

Als ich sechs Jahre später nach Sevilla zurückkehrte, wiederholten sich ähnliche Szenen mit meinen Mitbewohnern, zwei Malern von der Kunsthochschule. Nachdem Paco und Julián einmal die Erlaubnis hatten, während meiner Abwesenheit einen Gast in meinem Zimmer unterzubringen, nahmen sie sich die Freiheit heraus, all meine Sachen neu anzuordnen und sogar meinen Kleiderschrank wieder auf Vordermann zu bringen. Dies war, wie sie behaupteten, für das Wohlbefinden ihres Gastes notwendig.

Diese Eingriffe in meine Privatsphäre bekümmerten mich allerdings nicht so sehr wie die Neigung der Sevillaner, eine, wie ich es ausdrücken möchte, "wandlose" Wohnwelt aus ihren Apartments und sogar aus ganzen Wohnhäusern zu machen. Aufgrund der architektonischen Anlage vieler Wohnhäuser (ein zentraler Hof, der *patio*, ist von sich einander gegenüberliegenden Wohnungen umgeben) ist es für die Bewohner möglich, ganz normale Unterhaltungen zu führen, indem sie vom Innenhof zu den Fenstern hinaufrufen oder sich aus den Fenstern hinauslehnen und den Nachbarn darüber, darunter oder gegenüber zurufen. Hinzu kommt die beunruhigende Leichtigkeit, mit der jeder Nachbar direkt in das Innere einer Wohnung schauen und - es versteht sich schon fast von selbst - ohne Schwierigkeit fast allen Gesprächen nahe den Fenstern zum Hof zuhören kann. Erwähnt man zudem, daß viele typischen Waschküchen Sevillas eigentlich unter freiem Himmel und zum Innenhof hin offen sind, dann wird klar, daß man in einer Art Aquarium lebt; einer Wohnwelt ohne Wände, wo jeder Nachbar mit seinen Augen, der Stimme oder seinen Ohren Anteil am Privatleben nimmt.

Sevillaner, besonders die Hausfrauen, scheinen sich in dieser Umgebung, wo für uns Unterteilungen zwischen individuellen Wohnungen nicht existent scheinen, wunderbar eloquent zu bewegen. Sie schwatzen, tauschen Kochrezepte aus, leiten Nachrichten weiter und ziehen Erkundigungen von Fenster zu Fenster ein, um so sichergehen zu können, daß keine Unterhaltung zwischen Nachbarn privilegierte Informationen enthält. Was man der Einen sagt, sagt man in der Tat allen. Selbst was Maria von der Wohnung darunter als Mittagessen kocht bleibt kein Geheimnis, wenn die appetitanregenden Küchengerüche aus Töpfen und Pfannen zu allen Nachbarn hinauf und hinüber ziehen. Lole kocht einen Eintopf mit Kichererbsen... Paqui brät Sardinen... Pastora grillt *chorizo*-Würste. Diese unumgängliche Vertrautheit zwischen Nachbarn kann Leute aus den Vereinigten Staaten regelrecht zur Verzweiflung bringen. In den USA ist es nicht ungewöhnlich, daß Nachbarn alles daran setzen, jeglichen Kontakt miteinander zu vermeiden. Obgleich ich mich über das freundliche Verhältnis mit meinen Nachbarn freue, halte ich für meinen Teil, scheinbar sturerweise, an einer klaren Unterscheidung zwischen Wohnung und Außenwelt fest. In meinem Heim zu sein bedeutet, daß es nur zwei rechtmäßige Wege gibt, mich zu kontaktieren: der eine ist über das Telefon, der andere über die Wohnungstür. Ich kann mich entschließen, unerreichbar zu bleiben. In Sevilla dagegen bin ich nie vor den Anfragen und Zurufen meiner Nachbarn sicher. Ihre Stimmen können nach *ihrem* Belieben in meine private Umgebung eindringen. Sie können durch die Fenster sehen, daß ich zu Hause bin; sie können mich sprechen hören, können nach mir rufen, mich mit Gewalt aus meinem selbstgewählten Alleinsein herausholen, mich wie ein Tier aufstöbern und zur Schau stellen. Über kurz oder lang hänge dann auch ich meinen Kopf aus dem Fenster und schnattere mit den Nachbarn, ob ich will oder nicht.

Die Stunden mit mir alleine

Der höchst soziale, fast kommunenhafte Charakter Sevillas schließt auch einen tiefgreifenden Verdacht gegenüber denjenigen mit ein, die Alleinsein der Geselligkeit vorziehen. Sich freiwillig für mehrere Stunden des Alleinseins zu entschließen, falls man nicht aufgrund arbeitsbezogener Verpflichtungen dazu gezwungen ist, wird häufig als unnatürlich oder gar als ungesund angesehen. Als ich mit Paco und Julián, den beiden Malern, zusammenwohnte, pflegte ich mich nach dem Abendessen, falls ich nicht ausging, für mehrere Stunden zum Lesen in mein Zimmer zurückzuziehen. Gewöhnlich blieben die anderen im Wohnzimmer und schauten fern. Nachdem ein oder zwei Monate so vorbeigegangen waren, fragten sie mich eines Abends: "Was treibst du denn den ganzen Abend in deinem Zimmer? Fühlst du dich nicht alleingelassen? Wird es dir nicht langweilig? Oder ist es vielleicht, weil du keine Gesellschaft magst?" Ich versicherte ihnen, daß ich ihre Gesellschaft sehr schätzte, und daß ich mich alleine nicht langweilte, sondern das Alleinsein zum Nachdenken, Lesen und Ausruhen brauchte. Sie schauten sich an, zuckten die Schultern und beließen es dabei. Wochen danach hörte ich jedoch zufällig, wie Julián am Telefon einem Freund erzählte, daß die *americanita* ein ziemlich sonderbares Mädchen sei; eins, das eine verdächtige Anzahl Stunden allein in ihrem Zimmer verbringt. "Wir wissen nicht warum", sagte er, "denn sie hat 'nen Haufen Freunde und kriegt viele Anrufe".

Im gleichen Jahr war Julián für einen Monat weg und Paco und ich hatten die Wohnung für uns. Während dieser Zeit fuhr ich fort, die Stunden nach dem Essen in meinem Zimmer zu verbringen. Paco, plötzlich alleine gelassen, wirkte zunehmend beklommener. Eines Tages brach es aus ihm heraus und er beschuldigte mich, herzlos zu sein, da ich ihn so oft alleine lasse. Ich beteuerte, daß ich die Zeit für mich alleine brauche, daß es keine Kritik an seiner Gesellschaft bedeute - umsonst. Er insistierte, daß es für ihn wie ein Schlag ins Gesicht sei, eine persönliche Zurückweisung, wann immer ich mich in mein Zimmer zurückzog. Alleinsein war für ihn einfach kein legitimes Bedürfnis oder zu rechtfertigendes Vergnügen. Es konnte niemals als etwas anderes angesehen werden als eine Möglichkeit, Gesellschaft aus dem Weg zu gehen. Ich wurde mit ähnlichen Erklärungen von sevillanischen Mitbewohnern konfrontiert, die mich gewöhnlich als *rarilla* einstuften, genau wegen jener vergnüglichen Stunden alleine in meinem Zimmer. Besonders verwirrend für sie war die Tatsache, daß ich zwar stets aus meinem Zimmer kam, um ihre Besucher zu begrüßen und um mich einige Minuten zu unterhalten, mich aber nie verpflichtet fühlte, für länger als ein kurzes Gespräch und vielleicht einen Drink bei ihnen zu bleiben, sondern mein 'Heiligtum' dem geselligen Beisammensein vorzog.

Die Geschichte mit dem Filzhut

Vor einigen Wochen erschien ich mit einem schwarzen Filzhut an meiner Arbeitsstelle - ein geschätztes Geschenk von einem ehemaligen Freund. Er wurde von verschiedenen meiner Kolleginnen bewundert und ausprobiert, und dann in einem niedrigen, tiefen Regal verstaut, damit er nicht zerknittert oder beschädigt würde. Nachdem ich den Raum für mehrere Stunden verlassen hatte, fand ich bei meiner Rückkehr eine Kollegin vor, die ich kaum kannte, und die mit meinem Hut auf dem Kopf herumspazierte. Sie näherte sich mir, offensichtlich an sich selbst großen Gefallen findend, und begeisterte sich darüber, wie hübsch sie mit dem Hut aussah und wie sie gerade - mit Hut - eine Stunde lang eine Klasse unterrichtet und viele Komplimente erhalten hatte. Ich war ziemlich überrascht über die lässige Aneignung des

Hutes und die völlige Selbstverständlichkeit, mit der sie mir den ganzen Vorfall schilderte. Die Frau hatte bisher stets ein vorbildliches Benehmen an den Tag gelegt, so daß mir keine andere Erklärung bleibt, als zu glauben, daß die Vereinnahmung meines Hutes ohne vorherige Rücksprache den hiesigen sozialen Normen zufolge völlig zulässig war. Sevillanische Freundinnen bestätigten mir diesen Eindruck. Denn von den beiden beteiligten Parteien war es *meine* Reaktion, die kritisiert wurde. Es mochte mir fast so scheinen, als sei in Sevilla das Bewußtsein für die Unantastbarkeit fremden Eigentums viel weniger ausgeprägt als bei uns zuhaus'. Denn es ist besonders unangebracht, auf den eigenen Besitz hinzuweisen. Wenn ich meine Wäsche aus der Wäscherei abhole und zur Mittagszeit ins Büro mitnehme, darf ich nicht überrascht sein, wenn meine Kolleginnen in ihrer Neugier die Plastiktüten weit aufreißen, um meine Blusen und Kleider genauer zu inspizieren. Wenn mich meine sevillanischen Mitbewohner für egoistisch halten, weil ich den neuen Radiocasettenrecorder lieber in meinem Zimmer habe als ihn ständig im Wohnzimmer als "Hausradio" zu lassen, darf mich das nicht verärgern.

Das soziale Verhalten in Sevilla ist stets durch ein starkes Gemeinschaftsgefühl charakterisiert, jenes Verschwimmen der Grenzen zwischen öffentlich und privat, Mein und Dein, Ich und den Anderen. Das Private schiebt sich nach außen, fließt über, wird vom Öffentlichen aufgesogen und macht Sevilla so zu einer großen Kleinstadt, zu einem sozialen Netzwerk, das einem die Sicherheit vermittelt, eng mit anderen verbunden zu sein, das einem aber auch zumindest teilweise den Verzicht auf Individualismus, auf ein diskretes Selbst und auf die Privatsphäre abnötigt.

Felicia Coffey

Übersetzt von Michael Weis

"Du rauchst nicht?" Achselzuckend zündete sich Manolo seinen Joint an. Es war elf Uhr morgens, die Luft in dem kleinen Büro wurde langsam neblig. Ein Wunder, daß ich Manolo überhaupt getroffen hatte. Sicher keine geniale Idee, mitten in der Feria in Sevilla nach Anna zu suchen.

Das Papierhütchen brannte mit einem kleinen Zischen ab, der erste Zug saß. Langsam quoll der Rauch aus Manolos vollem Mund. "Wohl bekomms", schoß es mir durch den Kopf. Manolo sah erst dem Rauch nach, dann richtete sich sein Blick auf mich.

"Bist du zum ersten Mal in Sevilla?"

"Nein. Vor ein paar Jahren habe ich schon mal die Semana Santa erlitten."

"Normalerweise triffst Du während der Feria keinen Menschen um diese Uhrzeit an seinem Arbeitsplatz an. Du hast wirklich Glück, daß wir mitten in einem Auftrag stecken."

Auf die Feria hatte er trotzdem nicht verzichtet. Die Augenringe spielten ins Purpur, seine Gesichtsfarbe erinnerte an die Tortilla, die ich eben zum Frühstück gegessen hatte. Sicher war er erst gegen sieben Uhr nach Hause gekommen, hatte die ganze Nacht in einer Caseta zu den immergleichen Sevillanas getanzt und dazu flaschenweise Manzanilla getrunken, bis das Dope in seiner Tasche aufgeraucht war.

Das Telefon klingelte. Seufzend nahm Manolo den Hörer ab. Es entspann sich ein Gespräch über die Ereignisse der letzten Nacht auf dem Festgelände. Ich nutzte die Pause, um mich in der "Fridor"-Werkstatt umzusehen.

Der große Raum sah aus wie jedes Schneideratelier. Stoffballen in einem Regal an der Wand, eine große Tischplatte zum Zuschneiden, an einer langen Stange Kostümentwürfe. In einem Nebenraum fand ich, was ich suchte. Fächer in Neonfarben stapelten sich auf einem Tisch, Sonnenbrillen im Stil der fünfziger Jahre hingen neben einer Spiegelscherbe.

An die Wand drapiert *peinetas*, der Kopfschmuck jeder traditionell gekleideten Andalusierin. Diese allerdings fielen etwas aus dem Rahmen. Auf einer dünnen Drahtkonstruktion reckte sich der Eiffelturm phallisch nach vorne, von einem schwarzbesprühten Haarreif grüßte die Freiheitsstatue. Auf einem stilisierten Baugerüst thronte ein kleiner Bauarbeiter. Mit diesem bizarren Kopfschmuck machte Martirio, die Punkkönigin Andalusiens, die Konzertsäle in ganz Spanien verrückt. Die Fridor-Leute hatten die mutierten *peinetas* zum Markenzeichen Martirios gemacht.

Manolos dünne Stimme durchdrang den Rauchvorhang. "Deine kleine Freundin ist mir übrigens nicht über den Weg gelaufen."

Klar, daß er sich nicht für Frauen interessierte. Schon als ich Manolo anrief, sank sein Interesse beträchtlich, als er hörte, worum es ging. Fridor stecke mitten in den Expo-Vorbereitungen, ein Riesenauftrag über mehrere hundert verschiedene Kostüme, jammerte er. Eigentlich viel zu groß für das Designer-Kollektiv, das im Grunde aus ihm und Carmen bestand. Seit Monaten nichts als Expo, Expo, Expo. Sogar während der Feria verkomme er beim Zeichnen in der Calle Bailén. Schließlich erklärte er sich aber doch bereit, mich in "diesem kleinen Loch von Werkstatt" zu empfangen.

Trotz der frühen Stunde hatte sich Manolo sorgfältig gestylt. Ein kurzes schwarzes Jackett mit Epauletten, großen Silberknöpfen, ein Armreif in Schlangenform. Dazu eine akkurat gebügelte Hose mit Generalsstreifen in lila machten die Parodie einer Uniform perfekt.

"Hübsch, nicht?" Manolo war meinen Blicken gefolgt. "Es erinnert mich an meinen ersten Liebhaber, einen Offizier, der immer in der Mittagspause zu mir kam. Abends ging er dann zu Mama in die Kaserne. Der Ärmste."

Jetzt wurde Manolo etwas gesprächiger. Die Erinnerung an die erotischen Mittagspausen hatte ihn erwärmt.

Ja, eine Freundin habe ihm erzählt, daß sie vor ein paar Tagen eine Deutsche getroffen habe. Ziemlich abgerissen, habe sie eine Nacht bei ihr geschlafen. Sie sei so fertig gewesen, daß sie nicht mal mit zur Feria gegangen sei.

Diese Absurdität ließ Manolo verstummen. Nachdenklich zog er nochmal an seinem Joint, der kurz aufleuchtete.

"Das nehmen uns diese Schweine wieder weg. Diese bescheuerten Sozialisten, aus reiner Panik vor den Europäern verbieten sie wieder, Dope zu rauchen, was sie vor ein paar Jahren superliberal erlaubt hatten. Dabei raucht Felipe doch selbst."

Kopfschüttelnd bereitete Manolo die nächste Ladung vor. "Wenn du Marielo treffen willst, sie ist heute ab Mitternacht in der Caseta von Don Jaime. Beruf dich auf mich, dann kommst du rein."

Geblendet von dem Sonnenlicht auf den weißgetünchten Fassaden trat ich auf die Straße hinaus. Die Vögel zwitscherten lauter als sonst, das Gelächter von Kindern erfüllte den Raum zwischen den Häusern. Lachten sie über mich? Das Passivrauchen tat seine Wirkung.

Mein Auto stand noch an seinem Platz. Zwischen Fahrertür und Hauswand paßte gerade noch meine Hand. Die Schramme auf der rechten Seite stammte allerdings vom Vortag. AVIS würde sich freuen, ebenso wie über das defekte Türschloß, das ich gerade entdeckte.

Was hatte ich im Wagen gelassen? Die Schallplatte. Natürlich, die war weg. Sauber gemachte Arbeit, von außen nichts zu sehen. Nur verschließen ließ sich die Tür nicht mehr.

Immerhin bekam ich den Wagen aus der Parklücke. Endlich fand ich wieder zurück in die mehrspurige Reyes Católicos. Nach ein paar hundert Metern war der Spaß allerdings vorbei. Die Bauarbeiten um den alten San-Bernardo-Bahnhof hatten das ganze Verkehrssystem, wenn man das Straßengewirr Sevillas so nennen konnte, durcheinandergebracht.

Ich mußte mich durch den Stau um die Baustelle herumquälen. Bagger wüteten im Innern des alten Bahnhofs, von dem nur noch die Außenmauern übrig waren. Gelblicher Staub drang durch die heruntergelassenen Fenster in die schrittfahrenden Autos. Mehr zufällig gelangte ich über die Puente Isabel II nach Triana. Entnervt quetschte ich den Mietwagen neben eine Mülltonne und klappte die Vordersitze hoch. Jeder vorbeikommende Autoknakker konnte sehen, daß dieser Wagen klinisch leer war.

In einem Café an der Plaza Triana bestellte ich ein Bier. Ich brauchte ein Gegengift gegen den Rauch in meinem Hirn. In den letzten vierundzwanzig Stunden hatte ich schon genug Fehler gemacht.

Erstens - hatte ich den Fehler gemacht, gestern den Telefonhörer abzunehmen.

Zweitens - hatte ich den Fehler gemacht, den Hörer nicht sofort wieder aufzulegen, als ich hörte, wer dran war.

Drittens - hatte ich mich bequatschen lassen.

Ad 1: Vor einer Woche war ich in Conil angekommen, einem der weißen Dörfer an der Costa de la Luz, knappe zwei Autostunden von Sevilla entfernt. Mit dem festen Vorsatz, zwei Wochen lang nur zu faulenzen.

Ad 2: Gestern hatte mich eine frühere Kollegin angerufen, deren Tochter verschwunden war. Leider kannte ich sowohl die Kollegin wie auch die Tochter recht gut.

Ad 3: Die Kollegin, die meine Nummer von meiner Redaktion bekommen hatte, vermutete, daß ihre Tochter sich in Sevilla herumtrieb. Sie hatte vor ein paar Wochen ein paar selbsternannte andalusische Künstler auf der Durchreise kennengelernt und war seither nur noch begrenzt ansprechbar. Zwei Wochen vor dem mündlichen Abi abzuhauen, war allerdings auch für meine liberale Kollegin zu viel.

Sie versprach mir am Telefon ein mindestens fünfgängiges Menü, wenn ich mal ein oder zwei Tage in Sevilla opfere, um dort nach dem verschwundenen Töchterchen zu suchen. Die Eintrittskarte zu diesem reichlich aussichtslosen Ausflug - die Telefonnummer von Manolo, der angeblich alles und jeden in Sevilla kannte. Und was tat ich? Packte meine Tasche und fuhr los.

Jetzt konnte ich erst mal nichts tun. Gemächlich bestellte ich erst eine Tapa gefüllter Oliven, gefolgt von gebackenen Auberginen und einer *ración* Reis mit Krabben. Nach dem dritten Bier konnte ich mich direkt mit dem Gedanken anfreunden, zwei Tage in Sevilla zu sein.

Sogar ein Hotelzimmer war für mich vorbestellt. Kollegin Irmgard mußte wirklich ihren ganzen Charme plus ihre Beziehungen eingesetzt haben, um mitten in der Feria von einem Tag auf den anderen ein Bett im "Don Paco" zu ergattern. Sicher alles andere als billig, war doch jedes Hotelbett in der Festwoche doppelt so teuer wie sonst. Mir sollte es recht sein.

Ich beschloß, meine Tasche, die ich vorhin zum Glück nicht im Wagen gelassen hatte, im Hotel zu deponieren. Mein Mietwagen stand noch, die Mülltonne war allerdings weg. Ich fuhr zurück über die Brücke und bog nach rechts auf den Paseo Cristóbal

Colón ein. An der Stierkampfarena stauten sich schon die Autos. Kastagnettenklappernde Mädchen in knallroten und schreiendgrünen Rüschenkleidern überquerten die Fahrbahn. Pferde tauchten im Verkehr auf, von *señoritos* mit breitkrempigen Hüten geritten, die maßgeschneiderten Stoffhosen hinter Lederaufschlägen geschützt.

An der Hotelrezeption steckten der Portier und das Telefonfräulein die Köpfe zusammen. Schließlich bequemte sich der Kleine mit den fettigen Locken zu mir. Die gelbe Gesichtsfarbe schien in diesen Tagen in Sevilla ein Markenzeichen zu sein.

"Ich komme auf Empfehlung von Frau Möller". Fettlocke blinzelte in seinen Computerausdruck und dann zu mir. Seine Augäpfel schwammen in Manzanilla.

"Ihr Name?" - Ich buchstabierte. Diesmal hatte er es.

Die Zimmermädchen waren wohl zu lange tanzen gewesen. In der Dusche konnte ich mich der langen kräftigen blonden Haare der vorherigen Zimmerbenutzerin erfreuen.

Es war erst drei Uhr. Bis zu meiner Verabredung mit Marielo noch jede Menge freie Zeit. Ich beschloß, bei Joaquín vorbeizuschauen. Um diese Uhrzeit standen die Chancen nicht schlecht, jemanden bei der Siesta zu erwischen.

Joaquín hatte ich letzte Woche am Strand kennengelernt. Die Feria? Nichts für ihn. Leute aus Granada wie er hätten mit diesem Spektakel der verrückten Sevillaner nichts am Hut. Seine Wohnung in der Calle Vidrio war vom "Don Paco" bequem zu Fuß zu erreichen.

Im dritten Stock der Nummer acht klopfte ich. Nach zwei Anläufen hörte ich ein Schlurfen. "Quién es?" röhrte es schlaftrunken. Aber schon stand die Tür offen. Joaquín glotzte mich erstaunt an. Daß ich seiner Einladung, ihn doch mal in Sevilla zu besuchen, so prompt folgen würde, hatte er wohl nicht gedacht. Diese Gesichtsfarbe. Also auch er.

Sein dünner Körper steckte in uralten Jeans, T-Shirt und einer Wolljacke, eine spitze Nase ragte aus seinem zerknitterten Gesicht, in dem man die Augen suchen mußte.

Er schlurfte vor mir her ins Wohnzimmer. Die Couch und die Sessel waren vom Sperrmüll, wenn es so etwas in Sevilla gab. Ansonsten konnte die Einrichtung eigentlich nur von einem Überfall auf ein Pfandleihhaus stammen.

Joaquín verschwand in der Küche. Ich wunderte mich. Er hatte mir erzählt, er sei im Kunstmanagement tätig, organisiere Ausstellungen bis nach Madrid und gebe eine Zeitschrift heraus. Daher hatte ich mir eine große, weiße Wohnung vorgestellt, an der Wand ein einziges riesiges knallbuntes Gemälde. Als Sitzgelegenheiten beispielsweise blaue Acrylglasstühle.

Joaquín kam mit einem Teller Chorizo und Weißbrot wieder, in der anderen Hand eine Flasche Manzanilla. "Grade aufgestanden", murmelte er in seinem unverständlichen Andalusisch. "Grade aufgestanden", echote es.

Das Faktotum hinter mir hatte ich glatt übersehen. Noch ausgemergelter, noch ältere Jeans, der Wollpullover noch schlabbriger. Hörte auf den Namen Inma. Wie Inmaculada. Sehr unbefleckt sah sie aber nicht aus.

"Keine Aufträge wegen der Expo?" spielte ich auf das bescheidene Interieur an.

"Expo?" Joaquín sah gequält auf die Chorizo. "Das einzige, was wir davon merken, ist, daß die Mieten tierisch hochgehen. Die Aufträge werden nur unter der Hand vergeben, vor allem an Katalanen." "Scheiß-Katalanen", bestätigte Inma.

"Du mußt dich mit diesen verdammten Sozialisten einlassen, sonst kommst du zu nichts. Wenn du dich kaufen läßt, geht's dir gut. Wenn du versuchst, was Eigenes aufzuziehen, hauen sie dir die Beine weg." "Verdammte Sozialisten", eiferte sich Inma.

"Und Fridor?" "Die sind doch korrupt", winkte Joaquín ab. "Die haben einen Typ bei der Expogesellschaft sitzen, der ihnen den Auftrag besorgt hat. Das sind aber fast die einzigen in der Stadt." "Sevilla ist doch total am Arsch", diagnostizierte Inma.

"Ist euch in den letzten Tagen eine blonde Deutsche über den Weg gelaufen? Die Tochter einer Kollegin, die von zuhause abgehauen ist und mit ein paar Malern zusammenstecken muß."

Joaquín schüttelte den Kopf. "Blonde deutsche Frauen gibt es in der Stadt zu Hunderten. Aber ich bin erst seit zwei Tagen wieder hier - eine geschäftliche Verabredung auf der Feria."

Schlechte Ausrede.

"Cathy."

"Was?" Ich wandte mich zu Inma. Sie schaute Joaquín an. "Vielleicht weiß Cathy was," erklärte Joaquín. "Eine amerikanische Freundin, die viele Ausländer kennt."

Er suchte die Nummer heraus und rief Cathy an. "Sie trifft sich mit dir gegen sieben an der Plaza Alfalfa."

Joaquín hatte sich wieder gesetzt. "Weißt du, was das Schlimmste ist? Daß sie uns das Rauchen wieder verbieten wollen. Darin sind sie groß, die verdammten Sozialisten." Ich nickte bestätigend. Das würde ein riesiges Problem werden. Ich sah schon Horden protestierender Jointraucher, die sich ihre liebste Freiheit nicht wieder nehmen lassen wollten, das Polizeipräsidium stürmen.

"Reaktionäre, verdammte Reaktionäre", mümmelte Inma.

Das Mitgefühl für das ganze junge Spanien, das von ein paar korrupten Regierungsbeamten um die Früchte seiner jungen Demokratie gebracht wurde, überwältigte mich. Ziellos ging ich durch die zahllosen Gassen und Gäßchen, deren Enge noch durch die Baustellen verstärkt wurde, die sich überall auftaten. An jeder Kirche, an jedem schiefen Mäuerchen ein Schild "Construcción en obras" mit einer detaillierten Beschreibung des Bauvorhabens. Allerdings ließen sich weit und breit keine Bauarbeiter blicken. Stumm rosteten Absperrungen vor sich hin, blätterte bei den Baustellenschildern die Farbe ab.

Plötzlich stand ich in der Calle Adriano auf der Rückseite der Stierkampfarena. In den Cafés am Straßenrand sonnten sich die Besucher der Arena, elegant gekleidet, die Schuhputzer mit ihren hölzernen Bänkchen zwischen ihnen.

Gruppen von Reitern hielten von Zeit zu Zeit, um irgendjemandem im Café eine Begrüßung oder einen Witz zuzurufen. Manchmal wurde abgesessen und eine Runde Manzanilla bestellt. Dann ging es weiter bis zum nächsten Bekannten.

In den Cafés diskutierte man unterdessen die Corrida. Keine Frage, der letzte Torero war ein Versager gewesen. Man rümpfte die Nase und fragte sich, ob die Zeiten von "El Niño" endgültig vorbei seien. "Heute will jeder Hanswurst mit den Stieren kämpfen."

"Die Roten lassen die Toreros aussterben, sie wollen keine Helden", erregte sich ein rotgesichtiger Fettwanst, dessen Faust mit mehreren goldenen Ringen immer wieder auf den Tisch hieb.

Ich schaute auf die Uhr. Höchste Zeit, wenn ich um 7 auf der Plaza Alfalfa sein wollte.

Sinnigerweise traf ich mich mit Cathy, die ich an einer roten Nelke im Haar und ihrer blonden Kleopatrafrisur erkennen sollte, in der "Bar Manolo". Bei meinem Bier hatte ich Gelegenheit, darüber nachzudenken, warum eigentlich alle Menschen in Sevilla entweder folkloristisch oder anarchistisch zu sein schienen.

Die "Bar Manolo" war eine der typischen Eckkneipen, wo um diese Tageszeit jeder kurz ein Bier trank und sich fünf Minuten später auf den Heimweg machte. Ab und zu bestellte sich jemand eine Ensaladilla oder eine Tapa Erdnüsse. Die meisten Blicke waren auf den Fernseher gerichtet, in dem gerade die letzte Corrida übertragen wurde.

Der Stier wankte blutüberströmt, während der Torero, ein älterer Herr, der trotz seines Kostüms eher wie ein Quizmaster aussah, das Tier noch einmal zum Mitspielen verleiten wollte. Der Kopf des Stieres, mit dem Zoom herangeholt, folgte langsam den Bewegungen des Matadors. Plötzlich knickten die Beine des Tieres ein. Regungslos lag es im roten Sand, die Menge applaudierte.

Cathy war hereingekommen und sah sich suchend um. Ende zwanzig, über 1.70 groß, mit klaren Gesichtszügen, gute Figur. Mit ihren aschblonden Haaren müßte sie sich in Sevilla die Männer aussuchen können. In ihrer Begleitung war eine kleine, schlanke dunkle Frau, die sich bei ihr untergehakt hatte.

Ich machte ihr ein Zeichen, sie steuerte auf mich zu.

"Da kommen wir gerade her", deutete Cathy auf den Fernseher. "Ich liebe die Corridas. Sie geben einem das Gefühl, wirklich in Andalusien zu sein." Ihr amerikanischer Akzent ließ das plausibel erscheinen.

Sie bestellten Manzanilla. "Wir haben nur ganz wenig Zeit, wir müssen uns für die Feria fertigmachen. Du suchst eine deutsche Freundin?"

Ich beschrieb Anna. Cathy starrte in ihren Manzanilla. "Nein, nicht gesehen. Was macht sie hier? Wenn du dich hier mit Männern einläßt, mußt du aufpassen. Verdammte Machos. Vor allem die sogenannten Künstler. Hängen den ganzen Tag rum und erwarten, daß du zu Hause sitzt und das Essen kochst."

Jetzt fiel mir ein großer blauer Fleck auf, den ihre Jacke nicht ganz verdeckte. Sie bemerkte meinen Blick. "Mein neuer Freund ist verdammt eifersüchtig. Er läßt mich nicht aus den Augen. In zehn Minuten muß ich bei ihm sein, sonst bekommen wir Streit." Sie wandte sich an ihre Begleiterin. "Wenn ich Maria nach Hause bringe, dreht er schon durch. Dabei ist sie neulich überfallen worden und traut sich nicht mehr allein auf die Straße."

"Die Sozialisten?" warf ich aufs Geratewohl ein.

"Woher weißt du das?" Sie sah mich überrascht an. "Die Scheißtypen tun nichts."

Sie nahm ihre Handtasche. "Ich muß los. Pepe wartet schon auf mich. Ich hab ihm gar nicht gesagt, daß ich einen Typ treffe. Dann sieht er rot. Er ist dann richtig brutal. So wie diese Europäer nie sein können." Sie bedachte mich mit einem abschätzigen Blick. "Milchbubi" war noch das Freundlichste, was ich in ihm zu lesen glaubte.

Langsam sah ich schwarz. Wenn Marielo mir heute abend nicht mehr zu bieten hatte, mußte Anna bleiben, wo sie war. Ich beschloß, mich im Hotel für die kommende Nacht auszuruhen.

Der Taxifahrer fuhr mich so nahe wie möglich an das Feriagelände heran. Auf Schleichwegen hatte er das Verkehrschaos, das schon auf der Altstadtseite begann, umfahren, aber jetzt war Schluß. Autos wurden in zweiter Reihe abgestellt, Nebenstraßen ganz zugeparkt. Der Abschleppdienst der Polizei, die Grua, war schon seit Stunden im Einsatz.

"Dreißig Prozent Arbeitslosigkeit? Früher hatte ich die Straße für mich. Heute schenken die Roten jedem, der sie wählt, einen Seat."

Ich überließ den *taxista* seinem Fluchen und machte mich auf den Weg zu dem Eingangstor, das kilometerweit durch die Nacht leuchtete. Eine Metallkonstruktion, über und über mit Lampen behängt, unter der zu dieser Hochzeit des Feriatrubels Hunderte von Menschen auf das Gelände strömten.

Die Vorfreude, die Spannung stand in den Gesichtern, entlud sich in lautem Gelächter. Alle paar Sekunden tat sich eine Gruppe zusammen, bildete einen Kreis um zwei Tanzende, klatschte in die Hände. Ein Lied von drei Strophen, ein kurzes

Stakkato und ein Triumphschrei am Ende. Schon sprang der Nächste in die Mitte.

So bewegte sich die Menge aus Kindern und Greisen, aus Punks und Jugendlichen mit pomadisiertem Haar auf den Straßen des Festgeländes. Die Zeltstadt fieberte im Rhythmus der unzähligen Sevillanas, die aus allen Casetas drangen und sich gegenseitig überlagerten.

Nach mehreren Anläufen fand ich Don Jaimes Caseta. Der Türsteher ließ mich achselzuckend passieren, als ich mich auf Manolo berief. Das Zelt war noch leer. Hinter einer improvisierten hölzernen Theke lümmelten zwei Gitanokinder, die den Kühlschrank bewachten. An der leinenen Zeltwand lehnten ein paar Klappstühle, der Boden bestand aus festgestampfter Erde. Ich beschloß zu warten.

Nach dem zweiten Bier und einigen Dutzend Sevillanas, die aus dem Nachbarzelt herüberdrangen, fluchte ich nicht nur auf das Miststück von Anna, sondern auch auf Manolo und seine angeblichen Freunde. Mein Apartment am Strand verklärte sich mit jedem Zug aus der Flasche. Nur noch ein Whirlpool fehlte diesem Schmuckstück.

Wenige Augenblicke, bevor ich mich entschließen wollte, meine sämtlichen Bekannten in Sevilla in diesem Whirlpool zu ertränken, hörte ich ein atemloses "Tut mir leid, ich habe keinen Parkplatz gefunden" hinter mir. Marielos Basedowaugen sprangen fast aus ihrem pferdigen Gesicht hervor, als sie mich neugierig musterte. Dazu blinkerte sie apart, aber leider ununterbrochen mit den Augendeckeln. Manolo mußte ihr am Telefon von mir erzählt haben.

Wenn die Sozialisten auch Haschischrauchen wieder verboten hatten, die Kulturreferentin der andalusischen PSOE hinderte es jedenfalls nicht daran, sich erst einmal einen dicken Joint anzuzünden, bevor sie sich auf mein Problem konzentrierte.

"Vor ein paar Tagen habe ich eine kleine Blonde bei einer Vernissage getroffen, der es nicht sehr gut zu gehen schien. Sie hat mir erzählt, daß sie mit ein paar Typen aus Deutschland gekommen ist. Als sie in die Wohnung kam, haben die Freundinnen wohl einen Aufstand veranstaltet. Ich habe ihr angeboten, mal eine Nacht bei mir zu schlafen."

Das mußte Anna sein. "Ist sie noch bei dir?" "Nein, sie ist gleich wieder abgezogen. Sie schien ziemlich durcheinander zu sein."
Verdammt, Marielo war meine letzte Hoffnung gewesen. Wenn sie mir nicht weiterhelfen konnte, konnte ich einpacken. Irmgard tat mir leid. Mit so einer Tochter war man gestraft.
Das Zelt hatte sich inzwischen gefüllt. Immer mehr Leute hatten die Klappstühle genommen und unterhielten sich dröhnend, die Manzanillaflaschen auf den Boden gestellt.
Plötzlich starrten alle zum Eingang. Mehrere kleingewachsene junge Männer kamen herein, korrekt in dunkle Anzüge gekleidet. Ihre Gesichter waren von Hakennasen geprägt, die gepflegten blauschwarzen Haare fielen in langen Locken bis auf die Schultern.
"Raimondo", flüsterte mir Marielo aufgeregt zu, wobei ihre Augen fast aus den Höhlen sprangen und die Ketten und Armreifen, mit denen sie ihren ausgemergelten Körper bedeckt hatte, hysterisch klapperten. "Er spielt den Flamenco wie ein Gott", hauchte Marielo, wobei sie den *gitano* nicht aus den Augen ließ.
Raimondos Gefolge drängte sich immer noch im Eingang, minutenlange Begrüßungszeremonien verhinderten, daß die Musiker sich setzen konnten. Endlich nahmen Raimondo, Pepe und ein dritter Bruder Platz. Zwei junge Frauen setzten sich seitlich zu den Musikern, die Mama thronte hinter ihren Kindern.
Vorsichtig stimmte Raimondo einige Akkorde an, lächelte seinem Bruder zu, der zögernd mit seiner Gitarre einfiel. Pepe saß völlig starr, die Augen verdreht. Die kehlige Stimme vibrierte in den Rauchschwaden über den Köpfen. Schnell steigerte sich der Rhythmus zu einem hektischen Finale.
Beim zweiten Stück baute sich die Spannung viel langsamer auf. Der Oberkörper Pepes schwankte hin und her - "Der Ärmste", flüsterte Marielo mir zu, "er macht sich fertig mit dem Heroin".
Die Mädchen, die bisher nur geklatscht hatten, fielen mit spitzen Schreien in den Gesang ein. Raimondo trieb mit seinen Akkorden die ganze Gruppe, das ganze Zelt in eine rhythmische Ekstase. Unerträglich schien es, auf die nächste Kadenz zu warten, unerträglich, wenn sie vorbei war.
Eines der Mädchen sprang auf, tanzte mit über die Knie hochgezogenen Rock, stampfte mit ihren Stöckelschuhen auf die Erde.

Ihr Kopf zurückgeworfen, die Arme in die Hüften gestemmt. Minutenlang beschleunigte sie ihre Schritte im Rhythmus der Musik, dann ließ sie sich erschöpft auf den Stuhl fallen.

Ihre Schwester sprang auf und übernahm ihre Rolle. In immer neuen Schüben forderte der Flamenco die Stimme, die Instrumente, den Tanz. Die Zuhörer rückten in immer engerem Kreis um die Musiker zusammen, bis sie fast mit Pepes Oberkörper zusammenprallten. Erst der Schlußakkord erlöste das Zelt aus der Trance, mit lautem Schreien applaudierten die Zuhörer.

Dann sah ich Anna.

Sie mußte in Raimondos Gefolge gekommen sein. Tuschelnd saß sie mit ihrer Nachbarin hinter der Zigeunermama. Das Gesicht gebräunt. In einem schwarzen knielangen Trägerkleid, das ihren Busen betonte.

Mühsam kämpfte ich mich in dem Durcheinander, das in dem Zelt ausgebrochen war, zu ihr hinüber. Als ich sie an die Schulter tippte, sahen Raimondo und seine Gruppe zu mir herüber.

"Was machst du denn hier?" Anna verstand die Welt nicht mehr.

"Deine Mutter sucht dich. Wo hast du gesteckt?"

Trotzig schob sie die Unterlippe vor. "Die Scheißschule kann mir gestohlen bleiben. Ich bin hier glücklich."

"So glücklich, daß Du von den Typen abgehauen bist, mit denen Du hierherkamst?"

"Ach, diese Wichser." Anna schüttelte wegwerfend den Kopf. "Haben zuhause ihre Tussi sitzen und lachen sich unterwegs jemand anderen an. Bei Raimondo ist das ganz anders."

Natürlich. So mußte es ja kommen.

"Als ich ihn kennenlernte, hat er mich sofort seiner Mutter vorgestellt. Ich wohne bei einer Freundin, wo er mich jeden Tag besucht."

"Du kannst doch gar kein Spanisch!"

"Wir brauchen keine Worte. Wir schauen uns einfach an und er spielt mir auf seiner Gitarre etwas vor. Wir lieben uns."

Annas Augen hatten einen schwärmerischen Glanz. Wie grauenhaft. Romantische Liebe im letzten Jahrzehnt des 20. Jahrhunderts. Manchmal wurden die schlimmsten Alpträume wahr.

"Außerdem kann Encarna etwas Englisch und übersetzt zwischen uns."

"Laß uns nach draußen gehen."

"Wenn du denkst, daß du mich bequatschen kannst, hast du dich geschnitten." Anna sah mich entschlossen an. Dann flüsterte sie ihrer Nachbarin etwas zu und lächelte zu Raimondo hinüber.

Wir gingen vors Zelt. Der Lärm war hier draußen fast stärker.

"Raimondo sagt, er spielt so gut wie noch nie."

"Deine Mutter..."

"Ach, die hat doch selbst genug Probleme mit Männern, die wird sich schon dran gewöhnen. Weißt du, hier ist alles so klar. Es gibt die Musik, die Familie, die Fiesta. Etwas anderes ist nicht wichtig."

Kulturelle Mutation im fortgeschrittenen Stadium.

"Ich will Spanisch lernen und anfangen, Flamenco zu tanzen."

Da war nichts mehr zu holen. Anna redete weiter, aber ich hatte schon genug. Resigniert ließ ich mir Grüße auftragen. Anna würde in den nächsten Tagen bei ihrer Mutter anrufen. Ich machte mich auf den Heimweg. Als ich mich umdrehte, war Anna schon wieder im Zelt verschwunden.

Immer noch sandte das Tor seine Lichtsignale in die Dämmerung. Immer noch versuchten die Gruas, mit ein paar Abschleppwagen wenigstens eine Schneise in die Straße zu schlagen, die mit abgestellten Autos blockiert war. Über dem Guadalquivir - angenehm kühl nach der schwülen Hitze im Zelt - hielt ich an einer der Buden, die auf ihren kleinen Öfchen heiße Schokolade zubereiteten. "Chocolate con Churros" - die heiße Schokolade mit dem fetten Gebäck machte mich langsam wieder nüchtern. Es wurde Zeit, ins Bett zu gehen.

Michael Richter

El Alcázar

DAS VERBRECHEN VON LOS GUINDOS

Die folgende Geschichte bezieht sich auf ein Verbrechen, das im Juli 1975 auf dem Landgut "Los Galindos", ca. 55 km östlich von Sevilla, geschah. Juan Madrid hat auf dem realen Vorfall eine Kriminalerzählung aufgebaut, in der er eine Lösung des bis heute nicht aufgeklärten Verbrechens anbietet. Die Namen der beteiligten Personen und des Landgutes wurden vom Autor abgeändert.

An jenem Tag setzte sich der Mann vor der Bar in den Schatten und wartete auf das Taxi aus dem Nachbardorf. Er hatte eine billige Reisetasche bei sich und eine Reiseschreibmaschine in seinem Aktenkoffer. Man hätte ihn für den Vertreter eines sevillanischen Handelshauses halten können, wenn er anders gekleidet gewesen wäre. Er sah aber auch nicht wie ein Realschullehrer aus dem nahegelegenen Ort Dos Hermanas aus.

Tatsächlich schien er nichts Großartiges zu sein: er war Journalist.

Vor zehn Jahren, an einem ähnlichen Tag wie diesem, zeigte das Thermometer neunundvierzig Grad im Schatten und ein mysteriöses Verbrechen wurde begangen. Ohne sichtliches Motiv wurden fünf Personen auf einem Landgut in der Nähe des Dorfes ermordet. Das brutale Verbrechen bewegte die Öffentlichkeit des ganzen Landes. Ströme von Tinte wurden darüber vergossen, Filme wurden gedreht und unzählige Mutmaßungen angestellt. Obwohl so viel Zeit vergangen war, hatte die Polizei den oder die Mörder noch nicht gefaßt. Der mehrfache Mord blieb im Reich der Schatten. Er war ein Geheimnis.

Und dennoch hatte er den Schlüssel zu diesem Verbrechen. Er wußte, wer diese fünf Personen getötet hatte, und warum. Er wußte, wer dem Mörder geholfen hatte. Er wußte alles.

Er fuhr sich mit der Hand über die Stirn. Sein Körper war schweißbedeckt. Er konnte kein Thermometer sehen, aber er schätzte, daß es mehr als zweiundvierzig Grad waren, vielleicht vierundvierzig oder dreiundvierzig. Jedenfalls einige weniger als an jenem unheilvollen Tag der fünf Morde.

Das Dorf hatte sich in diesen zehn Jahren wenig verändert. Derselbe stille, von der Sonne heimgesuchte Platz, das Rathaus, die Kirche, das Gerichtsgebäude und die beiden Kneipen. Franco war tot, die Demokratie hatte Einzug gehalten und die Sozialistische Arbeiterpartei Spaniens regierte das Land, aber man mußte schon genau hinsehen, um die Veränderungen zu bemerken. In einer der Kneipen gab es inzwischen Pizza und der Platz und die Straße de las Flores waren asphaltiert worden. Vielleicht fuhren ein paar Autos mehr, und einige Mädchen aus dem Dorf trugen so etwas ähnliches wie Miniröcke. Aber genau wie vor zehn Jahren - und vielleicht wie vor zehn Jahrhunderten - befand sich das Land in den Händen von zwei Großgrundbesitzern, von denen einer in Sevilla, der andere in Madrid wohnte. Dem Conde de Casa Grande, wohnhaft in der Hauptstadt, gehörten drei Anwesen. Der Besitzer der beiden anderen, der größten und wichtigsten, war der Marqués de La Vega: "*La Seca*" lag am Dorfrand und "*Los Guindos*" war das beste und gepflegteste Anwesen des Ortes. Zwanzigtausend Hektar guten Bodens für Oliven, Weizen und Bewässerungsland. Der Marqués de La Vega wohnte in Sevilla, in einem Palast von vierhundert Quadratmetern, mit sechs Badezimmern, überdachtem Innenhof mit einem Brunnen aus dem 16. Jahrhundert und antiken Mosaiken. Er besaß eine Wohnung in Jerez, eine andere in Madrid und weitere Ländereien in den Provinzen von Córdoba und Jaén.

Aber sein Lieblingsanwesen war "Los Guindos". Von dort kam seine Familie - die auf die Katholischen Könige zurückging - und die landwirtschaftliche Nutzung brachte ihm die meisten Gewinne. Der fünffache Mord geschah auf "Los Guindos".

Don Pedro Fernández de Mairena, Marqués de La Vega, zählte sechzig Jahre, als sein Landgut mit Blut getränkt wurde; er war hochgewachsen und knochig und er hielt sich für den Erben der überkommenen Traditionen der alten spanischen Aristokratie, wie Ehre und Ritterlichkeit. Tatsächlich besaß der Marqués keinen Heller. Die Landgüter gehörten seiner Frau, Doña Dolores Pérez Lobatón, die aus reicher, aber nichtadeliger Familie stammte. Die Heirat des Marqués mit Lolita - sie zählte zwanzig Jahre und er sechsunddreißig - fiel zur Zufriedenheit beider Familien aus: auf der einen Seite Geld und Landgüter, auf der anderen Einheirat in eines der ältesten Geschlechter Andalusiens. Alle hatten ihren Vorteil dabei.

Pedro Fernández de Mairena hatte eine brillante Karriere beim Militär begonnen, die er aufgab, als er Hauptmann wurde. Er zog die Landgüter dem Militär vor. Niemand hatte ihm dies zum Vorwurf gemacht. In die Ehe brachte der Marqués auch seinen ehemaligen Unteroffizier der Armee, Gerardo Sánchez Garzón, mit, der ihm als Sekretär, Verwalter, Vertrauter und Freund bei Vergnügungen diente. Gemeinsam verwalteten sie - nach dem Gesetz der Gütertrennung - die Anwesen der neuen Marquésa de La Vega, Doña Dolores Pérez Lobatón de Fernández Mairena.

Durch einen Streich des Schicksals gelangte das Landgut "Los Guindos", das bis zum Ende des neunzehnten Jahrhunderts seiner Familie gehört hatte, und das an die Pérez Lobatón verkauft worden war, wieder in die Hände der ehemaligen Besitzer. Die Geschichte sorgte für Gerechtigkeit.

Der Mann, der an jenem Tag auf der Plaza von Altos de la Vega vor der Bar saß, fuhr sich erneut mit der Hand über die Stirn. Die heiße Luft brachte ihn beinahe zum Ersticken. Um vier Uhr nachmittags bewegte sich nichts in diesem Dorf auf dem Land um Sevilla.

Asunción, die Witwe, die die Bar "La Vega" führte, öffnete die Tür und schaute heraus. Der Mann drehte sich um und lächelte.

"Wünschen Sie etwas?", fragte ihn die Frau.

Der Mann verneinte mit dem Kopf.

"Nein, danke. Ich warte auf das Taxi aus Dos Hermanas. Es wird gleich hier sein. Machen Sie sich keine Umstände."

Die Frau kam zu dem Tisch des Mannes, blieb vor ihm stehen und fächerte sich mit einer Zeitung Luft zu.

"Wollten Sie die Taxis aus dem Ort nicht fahren?", fragte sie erneut.

"Nein, sie wollten nicht", antwortete er, "da sehen Sie mal".

"Hier will keiner reden. Sie müssen wissen, das Landgut ist die Lebensader des Dorfes. Wir sind alle davon abhängig. Es gibt noch andere, aber es ist nicht günstig, sich mit den Herren schlecht zu stellen."

"Ich weiß", antwortete der Mann. "Sie könnten Arbeiter aus anderen Orten einstellen, nicht wahr? Aus Córdoba, oder sogar aus Extremadura."

"Der Herr Marqués war immer gut zu dem Dorf. Er hilft viel. Und gar nicht zu reden von der Frau Marquesa. Sie ist eine Heilige. Mir hat sie den ganzen Krankenhausaufenthalt bezahlt, Friede ihrer Seele. Niemand wird auch nur etwas Schlechtes über den Herrn Marqués sagen. Es ist besser, das Unglück ruhen zu lassen, es nicht anzurühren. Hier hatten wir schon genug Unglück."

"Aber die Mörder laufen frei herum, Señora. Und fünf Leute starben. Und alle waren aus dem Dorf. Zählt das nicht?"

"Was geht das Sie an? Sie gehen zurück nach Madrid, und wir, wir bleiben hier mit unseren Angelegenheiten. Wenn dem Herrn Marqués etwas zustoßen würde..." - sie hielt einen Augenblick inne und fuhr dann fort - "also, das heißt, wenn er stirbt, dann wird sein Sohn, Don Luis, ihm auf dem Gut folgen, verstehen Sie? Es ist besser, die Toten ruhen zu lassen."

"Und Sie, woher wissen Sie, was die Toten wollen? Haben Sie mit ihnen gesprochen? Vielleicht wollen sie, daß die Wahrheit ans Licht kommt, Señora. Sie sahen die Mörder, beim Sterben blickten sie ihnen in die Augen. Sie glauben, daß Sie die Toten achten, aber das ist gelogen, und das wissen Sie. Sie haben Angst." Der Mann senkte die Stimme. "Genau wie ich."

Die beiden schwiegen. Die Frau bekreuzigte sich.

"Erwähnen Sie nicht die Toten", murmelte sie.

Ein Hund schlich über den Platz zum Schatten der Kirche.

"Es war ein Tag wie heute", und wieder bekreuzigte sich die Frau. "Vor zehn Jahren. Am 22. Juli, aber es war heißer."

"Ja", sagte der Mann. "Es waren neunundvierzig Grad im Schatten. Warum bringen Sie mir nicht ein kühles Bier? Ich trinke es, bevor das Taxi kommt", und er sagte mit leiser Stimme: "Ich werde nie wieder hierher kommen."

Man weiß nie, wann eine Geschichte anfängt und wann sie aufhört. Vielleicht begann diese Geschichte für Antonio Villar an dem Tag, an dem ihn Merceditas, die arme Ita, in der Redaktion anrief, oder als er zwei Jahre zuvor nach Altos de la Vega gefahren war, um die Geschichte des Verbrechens von "Los Guindos" zu übernehmen. Ein junger Richter hatte in Vegas Altas sein Amt angetreten und das Verfahren wieder eröffnet. Außerdem wurde erzählt, daß ein berühmter Gerichtsarzt, Professor in Sevilla, die fünf Leichen von Los Guindos wieder ausgraben lassen würde. Neue Enthüllungen über den Fall wurden erwartet.

Es war Urlaubszeit bei der Zeitung und es fehlte an Journalisten, so daß er, ein Archivangestellter, sich anbot, der Nachricht nachzugehen. Vielleicht begann alles zu diesem Zeitpunkt. Wer weiß.

Er erinnert sich noch genau an die Stimme von Mercedes am Telefon:

"Antonio? Bist du's, Antonio? Hier ist Mercedes, Ita, erinnerst du dich?"

Wie sollte er sich nicht erinnern? Die Stimme gehörte zu seiner Vergangenheit, zu seinen Studienjahren mit den weinseligen Zeiten im "El Porrón", den ausgedehnten Essen in der Mensa, den Nächten am Schreibtisch. All dies prasselte auf ihn herab wie ein Sommerregen.

Überstürzt begannen sie zu erzählen, fragten nach ihrem Leben, nach dem, was sie in all den Jahren getan hatten.

Da hörte er sie sagen:

"Ich bin Richterin geworden und trete mein Amt in Vegas Altas an."

Zunächst sagte ihm der Name des Dorfes nichts. Doch dann fuhr sie fort:

"Ich habe deinen Artikel gelesen, den du vor zwei Jahren veröffentlicht hast, als Luis Frontín, der neue Gerichtsarzt aus Sevilla, die Leichen exhumieren ließ, erinnerst du dich? Ich fand es lustig, daß du, ausgerechnet du, Journalist geworden bist. Es ist doch lustig, oder nicht?"

Journalist? Ja, das war lustig. Während der fünf Jahre, die er im Zeitungsarchiv arbeitete, hatte er nicht mehr als zehn Artikel geschrieben, und fast alle im Sommer, wenn Personalmangel herrschte. Er mußte den Chefredakteur anflehen, ihn schreiben zu lassen, und dieser stimmte nur ungern zu. Nein, er war kein

Journalist. So sehr er es sich auch wünschte. Und trotzdem antwortete er ihr:

"Da siehst du mal, Merceditas. Wer hätte das gedacht, du als Richterin und ich als Journalist."

Er merkte, wie sie die Stimme senkte, bis es ein Flüstern war:

"Komm her", sagte sie. "Komm, es gibt neue Enthüllungen über das Verbrechen von "Los Guindos". Ich brauche jemanden von der Presse, der mir hilft, und ich habe an dich gedacht. Wirst du kommen?"

Er sagte ja, er würde fahren, selbstverständlich, und tat so, als sei er wirklich Journalist. Er erwähnte nicht, daß er ab dem nächsten Tag Urlaub hatte.

Als Mercedes aufgelegt hatte, holte Antonio Villar die Mappe mit dem Artikel von 1983 hervor und las ihn noch einmal.

Der Titel war "Verschwörung des Schweigens" und im Untertitel war zu lesen: "Baldige Lösung des Verbrechens von Los Guindos."

Dann folgte der Text:

Am 22. Juli 1975, um halb fünf nachmittags, sah der Dorfpolizist von Vegas Altas, Manolito el de la Luisa, jetzt im Ruhestand, Antonio Fornet, den Laufburschen des Landgutes Los Guindos, auf seinem Motorrad den Hügel herabkommen. Manolito hatte den Auftrag, einen Wasserbehälter außerhalb von Vegas Altas, dreiundfünfzig Kilometer von Sevilla entfernt, zu bewachen, damit die Angestellten kein Wasser stahlen und das Vieh genug zu trinken hatte. An jenem Sommernachmittag waren es neunundvierzig Grad im Schatten und Manolito el de la Luisa dachte, daß Antoñito Fornet verrückt sein mußte, bei dieser Hitze draußen rumzulaufen. "Auf los Guindos brennt es und es ist ein Blutfleck zu sehen", sagte Fornet zu Manolito el de la Luisa. "Irgendwer wird einen Unfall gehabt haben", dachte el de la Luisa. "Sag der Guardia Civil Bescheid, ich fahre nicht zum Gut zurück", sagte Fornet.

"Wie hätte ich annehmen sollen, daß sie fünf Personen ermordet hatten, und daß der Blutfleck, von dem Antonio sprach, dieses schreckliche Blutbad war," sagt der pensionierte Polizist. "Als Antonio weg war, ging ich also zum Chef, Raúl, und sagte es ihm. Die Armen waren wie versteinert, als sie kurz darauf das fürchterliche Gemetzel sahen."

Woran sich Manolito el de la Luisa erinnert, ist etwas, was niemand in Vegas Altas vergessen hat: Der brutale Mord an fünf Personen auf dem Landgut "Los Guindos", vier Kilometer außerhalb des Dorfes, Besitz des Marqués de la Vega. Juana Muñoz, 53 Jahre alt; die Traktorfahrer Ramón Padilla, 39 Jahre, und José Fernández, 27 Jahre und dessen Ehefrau Asunción Pedala, 33 Jahre, waren die Opfer. Der ersten wurde der Schädel zertrümmert, der zweite starb durch Flintenschüsse und die beiden letzten wurden verbrannt in einem Heuschober gefunden. Man hielt den Aufseher Manuel Cepeda, 58 Jahre alt, für den Täter, bis seine Leiche drei Tage später unter einem Baum auf der Rückseite des Gutes gefunden wurde. Die Obduktion ergab jedoch, daß er als erster gestorben war. Später kamen die Guardia Civil und die sevillanische Polizei zu dem Schluß, daß José Fernández der Mörder war, der Selbstmord begangen oder einen Unfall gehabt hatte, nachdem er die vier anderen getötet hatte.

Acht Jahre später weiß man, daß es zwei Mörder waren und daß Fernández durch einen Schuß starb und später verbrannt wurde. Selten hatten Rechtsanwälte, Neugierige, Richter oder die Bewohner von Vegas Altas einem offiziellen Bericht so wenig Glauben geschenkt. Trotzdem schien der "Fall Los Guindos" bis vor kurzem eines jener Verbrechen zu sein, die nie geklärt werden. Jetzt läßt sich das so nicht mehr sagen.

Letzten Mittwoch, am 11. Mai, mittags um halb eins, fuhr der schwere und leise, metallic-blaue Cadillac von Doktor Frontín, Professor für Gerichtsmedizin an der Universität von Sevilla, in den Hof des Landgutes "Los Guindos". In ihn paßten bequem drei Assistenten und der junge Richter aus Marchena, Heriberto Palencia, 27 Jahre alt. Der Gerichtsdiener José Zapico kam im eigenen Wagen.

Sie waren nicht allein. Der Chef der Guardia Civil von Vegas Altas und zwei seiner Leute standen respektvoll stramm. Der Hauptmann aus Marchena und seine Truppe taten es ihnen gleich. Auch Hauptmann Trigo, in Zivil, begrüßte sie herzlich. Unter dem Arm trug er eine moderne Videokamera. Fünfzig Meter von der Einfahrt entfernt wartete eine Mannschaft von Froschmännern der Spezialeinheiten der sevillanischen Guardia Civil auf den Befehl, in den dunklen Brunnen der Finca zu steigen. Auch Inspektor Vidal war da, "der Chinese Vidal", ein kleiner, starker, dunkelhäutiger Mann mit glattem, schwarzen Haar, einer der besten Männer des Polizeipräsidiums von Sevilla. Der listige und intelligente Inspektor Vidal war einer derjenigen, die damit beauftragt waren, den Fall "Los Guindos" zu lösen.

Als Palencia mit fünfundzwanzig Jahren Richter von Marchena wurde, war er nicht nur einer der jüngsten Richter Spaniens, sondern auch derjenige, dem die Ehre zuteil wurde, den Fall "Los Guindos" wiederaufzunehmen, der - als Akte 20 von 1975 - im Gericht ruhte, ohne offiziell abgeschlossen zu sein. Palencia möchte kein Heldentum, doch die Tatsachen sprechen für sich. Im Herbst 1982 entstaubte er einen Berg von Papieren über die Voruntersuchungen, die chaotisch waren, mit Wiederholungen und voller Lücken, und beauftragte Luis Frontín, einen zuverlässigen und auf dem Gebiet der gerichtsmedizinischen Untersuchungen hervorragenden Wissenschaftler, mit dem Sachverständigenbericht. Frontín, der in England und in den Vereinigten Staaten studiert hat, ist mit den Methoden von Scotland Yard und des FBI vertraut.

Mit dem Dreiergespann Palencia, Frontín und Vidal als Hauptverantwortlichen, die Guardia Civil nicht zu vergessen, nahm der Fall endlich einen Kurs, der auf die schnelle Klärung eines Verbrechens hoffen ließ, das acht Jahre lang geruht hatte.

Auf dem Landgut kamen die neuen Verwalter, Salvador Rodríguez und seine Ehefrau Remedios, nicht aus dem Staunen heraus. Polizei und Wissenschaftler machten Vermessungen, nahmen Bodenproben und stellten nach, was vor acht Jahren geschehen war, indem sie den Boden mit seltsamen Kalkzeichen markierten. Aus dem Brunnen förderten die Froschmänner der Guardia Civil einige Objekte zutage, die den Blicken unbequemer Zeugen verborgen bleiben sollten: eine Hirtentasche, Stöcke und andere kleine Gegenstände. Für Frontín war alles von Bedeutung. Der Sachverständigenbericht steht kurz vor dem Abschluß, es fehlen lediglich geringfügige Details.

In seinem Büro des Seminars für Gerichtsmedizin in Sevilla gibt sich Luis Frontín vorsichtig und reserviert: "Die Leichen sprechen", bestätigt der Arzt in Gegenwart eines seiner Assistenten, "das Poblem besteht nur in der Deutung der Zeichen. Das Blut, ihre Haltung, die Spuren..... und viele weitere Zeichen eines Toten sagen viel über sie aus, wer sie tötete, unter welchen Umständen und welche Art von Mensch der Mörder war. Aber glauben Sie nicht, daß die Gerichtsmedizin eine Wissenschaft des Todes ist, nein. Sie ist eine Wissenschaft des Lebens."

Vielleicht dienen die Untersuchungen, die 1975 auf dem Landgut "Los Guindos" durchgeführt wurden, den neuen Generationen von Polizisten und Guardias Civiles als Beispiel dafür, wie eine polizeiliche Untersuchung nicht durchgeführt werden sollte. Eine Lehre kann man wenigstens daraus ziehen. So hat auch das Unglück sein Gutes.

Gegenstände wurden angefaßt, die Körper bewegt, alles wurde zertrampelt und um ein Uhr nachts desselben Tages, an dem die Morde geschehen waren, befanden sich die Leichen schon in Särgen auf dem Weg zum Friedhof. Die Kleidung der Toten wurde ihren Angehörigen übergeben. Richter Palencia, Inspektor Vidal und der Gerichtsmediziner Frontín haben es schwer. In acht Jahren sind die Wände viele Male gekalkt worden, Bäume wurden gefällt und die ausgegrabenen Leichen der Ermordeten dürften in dieser extrem heißen Region wohl kaum ein Aussehen haben, das die Arbeit der Gerichtsmediziner erleichtert.

Trotzdem beschränken sich die Probleme des Falles "Los Guindos" nicht nur auf die gerichtsmedizinische Untersuchung. Es sind vorwiegend Untersuchungsprobleme der Polizei auf dem Land. Das Dorf Vegas Altas hat sich verschlossen wie eine Muschel. Die Zeugen oder möglichen Zeugen schweigen und keiner öffnet den Mund, um der Polizei zu helfen. Es hat den Anschein, als hätten sie immer noch zu viel Respekt - und vielleicht Angst - vor den Großgrundbesitzern.

Jeder im Dorf weiß, wie die Körper der Ermordeten an jenem unheilvollen Nachmittag des 22. Juli 1975 gefunden wurden.

In einem der Schlafzimmer des Verwalterhauses, dem der Töchter des Aufsehers, lag Juana Muñoz, die Frau des Aufsehers, mit zertrümmertem Schädel. Eine Blutspur zeugte davon, daß sie jemand, zwei Personen, bis zu den beiden Betten geschleift hatte, sie dort liegenließ und die Zimmertür mit einem Vorhängeschloß verschloß. Fast bis zur Haustür kam einer der Traktorfahrer, Ramón Padilla, mit zwei Schüssen im Leib; einen in der Brust (er hob die Arme, um sich zu schützen) und einen im Rücken, als er floh. Auf dem

Eingangsweg zur Finca gaben sie ihm mit Kolbenschlägen den Rest. José Fernández und seine Frau Asunción Pedala starben ihrerseits durch mehrere Schüsse und wurden in den nahegelegenen Heuschober gebracht; dort wurden sie angezündet, da sie aber langsam verbrannten, übergoß man sie mit Benzin.

Die fünfte Leiche, die des Aufsehers Manuel Cepeda, wurde drei Tage später unter einem Haufen Stroh neben einem Baum, wenige Meter von der Tür entfernt, gefunden.

Die Untersuchungen Frontíns haben zumindest eine der größten Ungereimtheiten des Verbrechens gelöst. Der erste Bericht der Guardia Civil schloß den Fall ab, indem sie bestätigten, der Traktorfahrer und Vertrauensmann José Fernández sei der Mörder gewesen. Ein Motiv fand man in seinem alten Groll gegen den Aufseher, der ihm den Umgang mit seiner Tochter María Jesús untersagt hatte.

Der stümperhafte Bericht erklärte, José Fernández habe in einem Anfall von Haß zuerst den Aufseher getötet, und dann dessen Ehefrau Juana. Der andere Traktorfahrer sei überraschend auf das Landgut zurückgekommen und wurde ebenfalls getötet, um ihn als Zeugen auszuschalten.

Später sei José Fernández ins Dorf gefahren, habe seine Frau Asunción abgeholt, sie zur Finca gebracht und auch sie getötet. Als er ihre Leiche im Heuschober verbrannte, müsse er ohnmächtig geworden oder seine Kleider beim Hantieren mit dem Traktorbenzin in Brand geraten sein, und er sei ebenfalls zu Tode gekommen.

Der unglaubliche Bericht der Guardia Civil wurde durch die Untersuchungen Frontíns widerlegt. Der Traktorfahrer José Fernández war nicht der Mörder. Er wurde ebenfalls durch einen Schuß getötet und zum Verbrennen in den Heuschober gebracht. Mindestens zwei Mörder müssen die schaurige Tat ausgeführt haben.

Der mehr als zweifelhafte Bericht der Guardia Civil mißachtete unzählige Details und Beweise. Das Wichtigste: gegen halb vier nachmittags fuhr José Fernández vier Kilometer mit seinem Auto, einem Seat 600, bei neunundvierzig Grad im Schatten, um nach Hause zu gehen, seine Frau aus dem Mittagsschlaf zu reißen, sie ihre Sonntagskleider anziehen zu lassen und mit ihr zum Landgut zurückzufahren. Warum? Niemand weiß es. Was sagte ihr Mann zu ihr, daß sie solch seltsamer Bitte nachkam? Auch das weiß man nicht, doch es gibt Zeugen, die den Seat 600 auf dem Weg zum Gut sahen.

Es ist nicht schwer, sich vorzustellen, daß die Frau es tat, weil irgendeine Autoritätsperson es angeordnet hatte. Anders läßt sich nicht erklären, warum sie ihre besten Kleider anzog, um auf die Finca zu fahren, auf der ihr Mann arbeitete.

Weiterhin weiß man nicht, warum die Leiche des Aufsehers erst drei Tage später gefunden wurde - und zwar an einem Ort, an dem viele Leute vorbeigingen, vor allem der Dorfpolizist Manolito.

"Der Wald mußte durchsucht werden", erzählt der pensionierte Polizist, "und wegen der großen Hitze blieb ich im Schatten auf dem Gut, auf der Rückseite des Hauses. Ich rauchte ein paar Zigaretten und ging dort auf und ab, wo später die Leiche Manuel Cepedas gefunden wurde. Selbst wenn ich blind gewesen wäre, hätte ich sie sehen müssen. Außerdem, bei dieser Hitze hätte sie gestunken, oder nicht? Und dann sah ich auch noch, wie der Hauptmann von Marchena dorthinpinkelte, dort war nichts. Mir können sie das nicht erzählen."

Drei Tage lang tauchte die Leiche von Cepeda nicht auf, und solange wurde ihm der Schwarze Peter zugeschoben. Aber am 25., als seine Leiche, in Plastik verpackt und voller Würmer, gefunden wurde, wendete sich das Blatt. Jetzt war Fernández der Schuldige. Es sieht aus, als hätte es die Guardia Civil 1975 sehr eilig gehabt, den Fall abzuschließen.

Als die Familie Fernández von Frontíns Untersuchungen erfuhr, wechselten sie sofort den Grabstein von José aus und schrieben jetzt: "Er wurde ermordet".

"Hier wissen alle zuviel", sagt ein Dorfbewohner. "Und sie haben Angst. Meiner Meinung nach wissen viele Leute etwas, aber sie verschweigen es. Sie müssen wissen, die haben Angst."

Für "Los Guindos" ist jetzt die Stunde gekommen, und es besteht die vage Hoffnung, daß nun, 1983, alles, oder fast alles, geklärt werden kann.

Antonio Villar, Vegas Altas (Sonderkorrespondent).

Aber Antonio Villar waren noch andere Dinge unklar. Warum rief Mercedes gerade ihn an? Er wußte es nicht, aber er mußte es herausfinden. Er hatte ein Bild im Kopf, das sich ihm immer wieder aufdrängte. Das Bild jener Nacht, vor vielen Jahren, als Mercedes und er sich beim Tanzen wie verrückt küßten. Es dauerte nicht lange, weil sie erschrak. Sie war Raúls Freundin, und ein anständiges Mädchen, das verliebt war, küßte nicht einfach einen Studienfreund.

"Hast du Papier und Bleistift?", fragte ihn Mercedes. "Dann schreib auf..."
Sie waren in ihrem Büro, im neuen Gerichtsgebäude am Platz von Vegas Altas. Es war ein funktionell eingerichtetes und sauberes Büro, mit einem Kruzifix und dem Bild von König Juan Carlos an der Wand. Mercedes sah strahlend, glücklich und aufgeregt aus:
"Vor einigen Monaten haben wir dies hier in die Hände bekommen" - sie wedelte mit einem zusammengefalteten, mit blauem Kuli beschriebenen Papier - "ein anonymer Brief, der dem Ende 1975 verstorbenen Pfarrer von Vegas Altas, Don Ramiro aus Zaragoza, geschickt wurde. Durch ihn werden die ganzen Untersuchungen auf den Kopf gestellt und..."
"Einen Augenblick, Mercedes. Willst du sagen, daß..."
"Warte doch mal... Sei nicht so ungeduldig" - sie schwenkte erneut den Brief. "Er befand sich zwischen den Papieren des Pfarrers. Anscheinend schickten ihn seine Angehörigen der Gemeindeverwaltung und die wiederum leitete ihn an die Guardia Civil weiter."
"Und die Guardia Civil hat ihn bis jetzt geheimgehalten?"
Mercedes lächelte; da war es wieder, ihr wunderbares Lächeln.
"Damals war 1975, vergiß das nicht, und die Akte des Falls "Los Guindos" war archiviert. Auch für die Guardia Civil begann eine neue Zeit. Wichtig ist, daß wir ihn jetzt haben, und mit dem wunderbaren Bericht von Frontín und den Untersuchungen eines jungen Polizisten aus Sevilla ist der Fall so gut wie geklärt."
"Also komm, lies mir den Brief bitte vor."
"Schreib mit, ich diktiere ihn dir:
Sehr geehrter Herr Pfarrer. Sie werden überrascht sein, diesen Brief zu erhalten, und noch mehr, wenn sie ihn gelesen haben. Ich komme aus Carmona und habe beschlossen, so weit wie möglich wegzugehen, nach all den Verbrechen, die ich begangen habe, die

mir Gott nicht vergeben kann und für die ich den Galgen verdiene.
Wenn ich mich entschließe, Ihnen wegen der Morde auf dem Land-
gut zu schreiben, so tue ich das, um zu verhindern, daß dafür einem
Unschuldigen, José Fernández, die Schuld gegeben wird, denn auch
er wurde erschlagen. Ich weiß nicht, ob ich die Kraft haben werde,
den Rest meines Lebens dieses Kreuz zu tragen, denn ich weiß, daß
ich für meine Tat eine gehörige Strafe verdiene. Sie haben mir
zehntausend Peseten gezahlt, damit ich Manuel Cepeda umbringe.
Ich habe sie genommen, und jetzt schwöre ich Ihnen, Herr Pfarrer,
ich weiß nicht, warum ich es tat. Aber als wir losgingen, um ihn zu
töten, fehlte mir der Mut und ich sagte zu dem, der mich bezahlt
hatte und der mit mir ging, daß ich ihm das Geld zurückgeben
würde. Da sagte er mir, daß mich nie jemand verdächtigen würde.
Dann zwang er mich, Juana zu töten, weil er glaubte, daß sie uns
gesehen hätte. Er wurde nervös und sagte, er würde mich anzeigen,
er hätte Beweise gegen mich und er drohte mir mit vielen anderen
Sachen. Er schwor, daß er mich töten würde. Ich möchte seinen
Namen nicht nennen, denn ich möchte, obwohl er wie ich ein Ver-
brecher ist, niemandem mehr schaden. Ich gebe Ihnen auch nicht
meinen wahren Namen an. Ich weiß nicht, warum ich es tat, aber
ich schlug solange auf die Frau ein, bis sie tot am Boden lag. Dann
brachten wir sie zu zweit in das Hinterzimmer. Dann suchte er José
und sagte ihm, er solle seine Frau holen gehen, weil es Juana
schlecht ginge und sie brauche jemanden, eine andere Frau, die ihr
helfen könne. Als er losfuhr, sahen wir, wie Ramón Padilla mit
dem Traktor ankam und daß er alles entdecken würde. Also gab er
mir ein Gewehr und ich schoß. Ich hatte schon völlig den Verstand
verloren. Da er verletzt floh, schoß ich noch einmal. Gott vergebe
mir, aber ich wußte nicht, was ich tat! Als José und Asunción ka-
men, ließ er sie ins Haus herein, und schlug verräterischerweise von
hinten wie wild mit dem Gewehrkolben auf sie ein; zuerst auf sie
und dann auf ihn, der vor Schreck wie versteinert dastand, denn er
war in dem Zimmer, in dem wir die Leiche von Juana versteckt
hatten, und er konnte nicht einmal seine Frau verteidigen, damit
dieser Verrückte aufhörte, auf sie einzuschlagen. Dann mußte ich
dem anderen helfen, die Leichen in den Heuschober zu bringen.
Später zündete er sie an. Mir sagte er, er wolle nicht so enden wie
die anderen, es wäre besser, für immer den Mund zu halten. Aber

ich sage Ihnen, Herr Pfarrer, auch wenn ich ein Feigling bin, ich bereue alles. Ich habe nicht einmal den Mut, mich zu stellen, um dieses Ungeheuer zu verraten, durch dessen Schuld ich den Rest meines Lebens voller Bitterkeit verbringen muß. Ich weiß, daß mir nicht verziehen werden kann, denn diese Leute hatten mir nichts getan. Und ich weiß, daß ich für meine Sünde zahlen muß. Das ist das biblische Schicksal der Mörder. Aber ich bereue alles, wie ich Ihnen schon gesagt habe und ich wollte mein Gewissen bei Ihnen entlasten. Leben Sie wohl, Juan.

Im Büro herrschte bedrücktes Schweigen. Draußen auf dem Platz dröhnte ein Motorrad.

"Was hältst du davon?", sagte Mercedes. "Phantastisch, nicht wahr?"

"Unglaublich", bestätigte Antonio. "Ich kann es nicht glauben."

"Was?"

Sie lächelte. Wieder ihr wunderbares Lächeln.

"Die Hälfte ist gefälscht. Du wirst sehen, wir haben eine graphologische Untersuchung gemacht. Der Verfasser hat uns nicht ganz täuschen können; er hat es versucht, er wollte als einfacher, nahezu ungebildeter Mann erscheinen, aber es ist ihm nicht gelungen. Die psychographologische Untersuchung beweist dies zweifellos. Ich gebe sie dir nicht, das Lesen ist zu mühsam. Jedenfalls hat sich der Mann beim Schreiben des Briefes verraten. In der Literatur hilft alles Verstellen nichts."

"Also, ist er der Mörder? Ja oder nein?"

"Ja, klar, aber es handelt sich nicht um den armen, ungebildeten Mann, der zehntausend Peseten bei einer schmutzigen Arbeit verdient. Der Verfasser des Briefes ist der Anstifter, der wirkliche Verbrecher, obwohl es einen zweiten gab. Der graphologische Bericht ergibt, daß die Reue aufrichtig ist, merkst du was? Typisch für einen guten Christen. Man sündigt und man bereut. Man geht zum Pfarrer. Typisch, oder nicht? Wir haben eine graphologische Analyse von den Schriften der Verdächtigen gemacht und die Ergebnisse sind endgültig. Wir wissen, wer diesen anonymen Brief geschrieben hat."

Wieder wedelte sie mit dem Brief, dann legte sie ihn in einen der vier dicken Ordner der Gerichtsakte.

"Viele Psychopathen beschuldigen sich berühmter Verbrechen. Könnte das nicht auch hier der Fall sein?"

"Nein, der Verfasser des Briefes war dabei. Er verrät sich, indem er erklärt, er habe zuerst Asunción, die Frau von José Fernández, getötet. Und daß er sie erschlug. Auch José Fernández wurde erschlagen und nicht durch einen Schuß getötet, wie ihr Journalisten fälschlicherweise geschrieben habt. Das Loch in seinem Schädel ist eine angeborene Mißgestaltung, Kalziummangel. Frontíns Ergebnisse sind überzeugend. Der Verfasser des Briefes ist der Mörder, er weiß Dinge, die niemand wissen kann, es sei denn, er ist dabeigewesen."

"Großer Gott, es ist unglaublich."

"Nicht wahr?"

"Warum nehmt ihr ihn nicht fest?"

"Man merkt, daß du dein Jurastudium nicht beendet hast, Antonio. Das sind Indizienbeweise. Um einen Mann verurteilen zu können, braucht man mehr... Aber wir haben die Beweise" - sie kitzelte ihn am Kinn. "Mit den Jahren siehst du besser aus, Antonio, du bist hübscher geworden. Hast du viele Freundinnen?"

Antonio verneinte mit dem Kopf, aber er sagte: "Na ja, ein paar."

"In Madrid muß das leichter sein, oder? Aber hier..."

"Was habt ihr noch, Mercedes?"

"Ich habe mich vor vier Jahren von Raúl getrennt, als ich meine Bewerbung für das Richteramt vorbereitete" - erinnerte sie. "Ich hätte nie gedacht, daß ich zur Richterin tauge. Ich glaube, ich habe angefangen zu lernen, um nicht verrückt zu werden, um nicht bei Raúl sein zu müssen."

"Wo ist Raúl jetzt?"

"In Barcelona, glaube ich... Was hast du mich gefragt? Ach, ja... die Beweise..." - sie lehnte sich mit verlorenem Blick im Sessel zurück. "Ich bin ernster geworden, scheint mir. Im Dorf hat niemand gewagt, mich etwas zu fragen, aber ich bin mir sicher, daß es sie befremdet, daß ein Mann bei mir wohnt."

"Hier sagt niemand etwas. Als ich 1983 hier war, war es unglaublich. Ich stand vor einer Mauer des Schweigens."

"Ja, niemand weiß etwas, aber trotzdem wissen es alle. Du wirst sehen, es gibt zwei wichtige Zeugen in dem Fall. Wenn sie sprechen, wird es nur eine Frage von Stunden sein, die Mörder zu verhaften. Der Hauptzeuge ist Antonio Fornet, der Laufbursche des Landgutes; der andere, die Mutter von José Fernández. Sie war zu Hause, als der Traktorfahrer kam, um seine Frau zu wecken und sie aufs Gut zu bringen, bei neunundvierzig Grad, um halb vier nachmittags. Die Mutter muß gehört haben, was José zu seiner Frau sagte."

"Antonio Fornet war derjenige, der mit dem Motorrad zum Heuschober kam und ihn brennen sah, oder?"

"Genau der. Er sagte uns, der Guardia Civil und allen, die ihn verhörten, José Fernández hätte ihn in die Olivenhaine geschickt, um den Arbeitern zu helfen. Stell dir das mal vor, ihn, einen Boten, der nicht für diese Arbeit angestellt ist. Er hat andere Dinge zu tun. Sie wollten ihn aus dem Weg haben, sie wollten keine Zeugen. Also gut, Antonio kommt auf dem Motorrad zum Landgut zurück, sieht das Feuer im Heuschober und geht hin. Er sagt, er habe die Benzinkanister gesehen und fing an zu löschen. Dann bemerkte er die angesengten Leichen und kam wie vom Teufel geritten ins Dorf herunter."

"Und er hat nichts gesehen? Kein Auto? Nichts?"

"Das ist das Problem, daß er es gesehen hat. Er mußte es sehen. Das Land hier ist flach und das Landgut und das Dorf befinden sich auf einem Hügel. Vom Heuschober aus sieht man unendlich weit."

"Aber er behauptet immer, er habe nichts und niemanden gesehen, oder?"

"Genau. Kein Mensch bringt ihn von seiner ersten Aussage ab. Doch hier kommt der wunderbare junge Polizist aus Sevilla ins Spiel," - Antonio verspürte eine seltsame Eifersucht, wie damals, als er sah, wie sich Mercedes und Raúl in der Bar der Universität küßten - "der bewiesen hat, daß Antonio Fornet kurz nach dem Verbrechen eine halbe Million Peseten kassierte. Zuerst erzählte er etwas von einer Erbschaft... falsch. Dann irgendwas von der Lotterie, daß er sich nicht erinnere; schließlich erklärte er, es sei eine Abfindung, die ihm der Verwalter gegeben habe, weil er ihn entließ. Merkst du was? Eine Abfindung von einer halben Million für einen Mann, der weniger als fünfzehntausend im Monat verdient hat, ohne Sozialversicherung."

"Seltsam."

"Ja, sehr seltsam. Und dann die Mutter von José Fernández. Wir bekamen aus ihr heraus, daß sich José umzog, als er nach Hause kam, er zog seine Sonntagskleider an und ließ den Arbeitsoverall liegen. Warum? Sie sagt, sie wisse es nicht. Vielleicht hatte er Blutflecken. Sie verbrannte die ganze Kleidung ihres Sohnes. Seltsam, wenn es sich um einfache Leute handelt, die sonst nichts wegwerfen, oder?"

Antonio betrachtete sie erneut. Mit den Jahren war sie schöner geworden, fraulicher. Sie war nicht mehr das schlanke Mädchen von damals. Ihre Hüften waren runder und ihre Beine zeigten sich stärker. Sie trug das Haar kurzgeschnitten und ihr großer, lachender Mund war noch immer derselbe. Sie trug keinen BH, wie früher. Ihre Brustwarzen zeichneten sich unter dem dünnen Stoff des Kleides ab.

"Hörst du mir zu, Antonio?"

"Was? Ja, ja... natürlich höre ich dir zu."

"Ich sagte, auch José Fernández bekam ab und zu Geld extra. Das weiß das ganze Dorf. José Fernández war ein erfahrener Mechaniker und Fahrer, nicht daß er reich war, aber ab und an verdiente er sich etwas Geld durch andere Arbeiten."

"Also, diese ganzen Geschichten, daß es auf der Finca Drogen gab, die irgendwelche Legionäre hinterlassen hatten und so weiter..."

"Blödsinn. Das ist nicht der Rede wert."

"Willst du damit sagen, daß der Traktorfahrer einer der Mörder war?"

"Das ist so gut wie sicher", sie machte eine Geste mit der Hand. "Also gut, ich muß ein wenig arbeiten. Heute Abend reden wir weiter."

Er sah, wie sich Raúls Mund dem von Mercedes näherte, in ihre Lippen biß, an ihnen saugte. Seine Hand, die ihre Hüften umfaßte und dann zum Po hinunterglitt.

Vor allen, in der Bar der Universität.

Nicht einmal nachts wurde es kühler. Antonio machte eine Sangría, die sie nach dem Abendessen im Hof des Häuschens der

Frau Richterin von Vegas Altas tranken. Sie hatte sich in einen Schaukelstuhl gesetzt, barfuß und in kurzen Hosen und es machte ihr nichts aus, daß ihre Schenkel kaum bedeckt waren.

"Wer hat den Brief geschrieben, Mercedes?", fragte Antonio.

"Der Verwalter, Gerardo Sánchez Garzón, ehemaliger Unteroffizier des Herrn Marqués, Freund bei feuchtfröhlichen Vergnügungen und Vertrauter während der letzten vierzig Jahre. Junggeselle und ein guter Christ."

"Und das Motiv?"

"Geld, wie fast immer. Das wissen wir aufgrund verschiedener Einzelheiten. Es fehlen die Rechnungsbücher des Landgutes von 1973, 1974 und 1975. Wo sind sie? Niemand weiß es, und das, wo der Aufseher ein so gewissenhafter Mensch war und Sánchez Garzón ein so guter Verwalter. Wir nehmen folgendes an:" - fuhr Mercedes fort, während sie Sangria trank und hin- und herschaukelte - "Der Marqués hatte kein eigenes Geld, es gehörte seiner Frau. Nicht daß sie ihm etwas versagt hätte, aber die durchzechten Nächte und das gute Leben kosteten einiges. Der Verwalter und der Marqués unterschlugen jedes Jahr ein paar tausend Kilo Weizen, die nicht in den Rechnungsbüchern auftauchten. José Fernández fuhr sie mit dem Lastwagen in die Lagerhäuser eines Transportunternehmens, das sie auf dem nationalen und internationalen Markt verteilte. Wir wissen, um welches Transportunternehmen es sich handelt und sie sind bereit, vor Gericht auszusagen. Klar, sie sagen, sie fanden nichts Seltsames dabei. Der Marqués war doch der rechtmäßige Besitzer des Gutes."

Der dünne Stoff der kurzen Hose schnitt ihr in die Leiste. Der gespannte Stoff ließ alles erahnen. Sie schaukelte und schaukelte... Sie sprach weiter:

"Wir wissen nicht, seit wann sie diesen Trick anwendeten, vielleicht schon seit der Heirat, wer weiß... Wie diese Ehemänner, die ihren Frauen nicht sagen, wieviel sie verdienen, um einen Teil des Lohnes für ihre Privatvergnügen übrigzuhaben, oder nicht?"

"Ja, so ähnlich."

"Also, das dauerte, bis..."

"Hat Raúl dich betrogen?"

"Wer? Ach, Raúl!" - sie lachte lauthals. "Ja, klar, aber ich ihn auch... Deshalb haben wir uns aber nicht getrennt... aber hör zu, dieser Trick ging wahrscheinlich so lange gut, bis die Kinder des Ehepaars groß waren. Sie schmiedeten ein Komplott mit ihrer Mutter und haben wohl gesagt: - Unser Vater ist ein Spieler und Frauenheld, er verschwendet unser ganzes Vermögen... - Du weißt doch, wie geizig normalerweise die alteingesessenen Familien der Gutsbesitzer und Aristokraten sind und wie sie jeden Pfennig umdrehen. Wir sind davon überzeugt, daß der älteste Sohn, Don Luis, der seiner Mutter sehr nahe steht, hinter alles kam und den Aufseher zur Rede stellte. Kannst du mir folgen?"

"Ja."

"Dann hör auf, mir auf die Schenkel zu starren, Antonio", sie warf ihm einen Kuß zu, "hab doch mehr Journalistengeist... Was ich sagen wollte: der Aufseher wird wohl dem Verwalter oder dem Marqués gesagt haben, daß er alles verraten werde, daß er die Gewissensbisse nicht mehr ertrage. Man darf nicht vergessen, daß er zwanzig Jahre Guardia Civil war, bevor er in den Dienst des Marqués trat. Die Angst, daß er sie bei einem Streit verraten würde, war der Auslöser für seinen Tod."

Antonio legte ihr die Hand auf den Schenkel, ganz oben. Er war warm, seidig. Sie hörte auf zu schaukeln. Antonio stand auf.

"Antonio", sagte sie, "Laß das, komm hör auf!"

"Du hast mich die ganze Zeit provoziert", sagte er mit rauher Stimme. "Das machst du mit mir, das machst du mit jedem, wie an der Universität."

Er riß sie hoch. Ihre Augen waren vor Erstaunen geweitet, und vielleicht aus Mitleid.

Er drückte ihren Busen und wollte sie umarmen. Sie stieß ihn zurück, aber ohne erschrocken zu sein und blieb ruhig.

"Beruhige dich doch", sagte sie.

Er faßte sie am Nacken und suchte ihren Mund mit dem seinen. Sie stöhnte, als sie spürte, wie seine Lippen sie bissen. Er zerrte an den Shorts und zerriß sie. Darunter trug sie einen winzigkleinen, weißen und durchsichtigen Tanga. Antonio fühlte, wie ihm die Luft wegblieb. Sie schrie und versuchte, sich aus seinen Armen zu befreien, von diesem feuchten und klebrigen Mund. Da schlug er sie ins Gesicht, mit Kraft. Sie fiel auf die Knie und er öffnete seine Hose.

"Nutte, Lie...Liebste", stammelte er.

Der Taxifahrer aus Dos Hermanas war ein unrasierter und geschwätziger Mann.

"Sie sind Journalist", sagte er zu Antonio. "Die erkenne ich von weitem. Sind Sie wegen des Verbrechens von "Los Guindos" hier?"

"Ja."

"Wußte ich's doch. Wer sind die Mörder? Wissen Sie es schon?"

"Nein."

"Das wird man nie herausfinden. Das war vor zehn Jahren. Ich war in Barcelona und sagte: Zum Teufel nochmal, das ist doch in der Nähe meines Dorfes. Schöne Bescherung."

Antonio dachte an das Landgut, wie es vor zehn Jahren war, so, als ob er sich an einen Film erinnerte. Der Verwalter, der an jenem Tag um zwölf Uhr mittags mit seinem Auto ankommt, der Aufseher, der ihm sagt, er würde keinen Weizen mehr unterschlagen, daß die Frau Marquesa Verdacht geschöpft habe, daß er ein Ehrenmann sei. Sie streiten sich. Der Verwalter zieht eine Pistole heraus und droht ihm: wenn du das Ding auffliegen läßt, bring ich dich um, Dummkopf, Habenichts, all das Geld, das wir dir gegeben haben. Der Aufseher, ein starker Mann, sehr energisch, ehemaliger Guardia Civil, erschrickt nicht so leicht vor einem Hänfling von Verwalter. Er schlägt ihn nieder und nimmt ihm die Pistole ab.

Jetzt wird die Frau Marquesa alles erfahren, es ist vorbei.

Aber hinter ihm steht José Fernández, der Vertrauensmann des Gutes, der, der die Traktoren repariert, der Mechaniker, der Lastwagenfahrer. Der Mann, der sich in María Jesús, seine Tochter, verliebt hatte, und dem er den Umgang mit ihr verboten hatte.

José Fernández, ein schwächlicher Mann, dünn und ausgemergelt, schlägt ihm mit einem Traktorteil auf den Kopf. Er muß oft zuschlagen, der Aufseher bricht nicht zusammen, er ist sehr stark... Dann ist er tot.

Er muß ihn wegschaffen. Seine Frau ist im Haus und hat nichts gehört, aber er muß ihn irgendwohin bringen. Da steht das Auto des Verwalters. Sie stecken ihn in einen Düngersack aus Plastik und packen ihn in den Kofferraum. In seinem Bericht bestätigt

Frontín, an der Leiche sei festzustellen gewesen, daß sie irgendwo lange mit angewinkelten Beinen gesessen hätte. Jetzt müssen die Blutspuren beseitigt werden.

Der Verwalter sagt ihm, er solle warten, er nehme das Auto, um die Leiche wegzubringen, er solle sich keine Sorgen machen, er würde schon alles regeln. In weniger als einer Stunde sei er zurück. Nur ruhig, José.

Anschließend geht der Verwalter ins Haus und befiehlt dem Boten, in die Olivenhaine zu den Arbeitern zu fahren, die Hilfe brauchen. "Und mein Mann?", fragt die Frau. "Er ist auch dort, er kommt später."

Der Laufbursche geht brummig los. Er ist nicht sehr helle, ein Mann, der sich herumkommandieren läßt, ein Pantoffelheld, wie man so schön sagt. José Fernández und Juana Muñoz bleiben allein auf dem Landgut zurück.

Doch Juana wird ungeduldig. Die Zeit vergeht, aber ihr Mann kommt nicht zurück. Sehr seltsam. Sie fragt: "Und mein Mann, José?" "Was weiß denn ich! Er ist abgehauen!" "Du bist ein bißchen seltsam heute, oder, Joseíto?" "Ich bin so, wie's mir paßt!" Und die Zeit vergeht. Das Thermometer steigt von siebenundvierzig auf neunundvierzig Grad. Ob ihrem Mann wohl etwas zugestoßen ist? Diese Hitze ist nicht gut, vielleicht ist ihm auf dem Feld schwindelig geworden. Wer weiß. Und dann dieser José mit seinem seltsamen Benehmen, der ständig um mich herumläuft.

Und die Frau greift zum Telefon. Ob es nicht besser ist, die Guardia Civil anzurufen?

Da verliert José Fernández die Nerven, schlägt solange auf sie ein, bis er glaubt, sie getötet zu haben. Er muß sie ins Kinderzimmer bringen und sie wenigstens halb mit einer Matratze bedecken. Großer Gott, was hatte er getan! Den Aufseher und seine Frau getötet! Was mach' ich jetzt bloß? Und der Verwalter kommt nicht zurück. Ich stelle mich der Guardia Civil und erzähle ihnen alles.

José Fernández steigt in seinen Seat 600 und fährt ins vier Kilometer entfernte Dorf; vielleicht hat er Blutflecken auf seinem Arbeitsanzug. Schwarzes, angetrocknetes Blut, ein paar Tropfen, die sich beim Waschen am Trog nicht entfernen ließen. Er fährt nach Hause, weckt seine Frau und erzählt ihr, was

passiert ist. Er ist verzweifelt. Er wolle sofort zur Guardia Civil
gehen. Seine Frau sagt, halt, einen Moment, überstürze doch
nichts, laß uns zum Gut fahren, vielleicht hast du sie nicht umge-
bracht. Bist du sicher?

Also, ich weiß nicht. Ich hab' ziemlich auf sie eingeschlagen.

Sie steigen ins Auto. Kommen auf dem Landgut an. Juana liegt
nicht mehr dort, wo José sie hatte liegenlassen. Sie ist noch nicht
tot. Sie hat sich bis zur Küche geschleppt, aber sie liegt im Sterben.

In dem Moment kommt ein Auto auf das Gut gefahren. Ein rotes
Auto, ein Renault 4L. Es ist der Verwalter und sein Pflegesohn,
ein starker Junge, einsachtzig groß, Student, den der Verwalter
zu seinem Erben gemacht hat. Er ist der einzige Mensch, den der
Verwalter liebt, ihn, und vielleicht noch den Herrn Marqués.

Als sie ins Haus kommen und sehen, wie Asunción der toten
Juana zu helfen versucht, erschrecken sie heftig. Schweine! Seht
euch an, was ihr getan habt!, schreit Asunción. Ihr habt meinen
Mann ruiniert, der Arme! Ihr geht jetzt sofort zur Guardia Civil!
Der Mann und seine Frau sind eine leichte Beute für den Verwalter und seinen Pflegesohn. Zuerst stürzt die Frau zu Boden,
dann José.

Aber draußen ist ein Geräusch zu hören. Was ist das?

Es ist Ramón Padilla, der andere Traktorfahrer, der einen
Schluck Wasser trinken will, diese Hitze hält doch keiner aus.

Plötzlich steht er vor einem Jungen, der mit einem Gewehr auf
ihn zielt. Er verdeckt sein Gesicht mit den Armen, rechtzeitig,
bevor die beiden Schüsse fallen, die ihn voll treffen. Er dreht sich
um und rennt zur Tür. Noch zwei Schüsse in den Rücken. Er
fällt. Sie töten ihn mit Kolbenschlägen und bedecken ihn mit ein
bißchen Stroh.

Der Verwalter und der Junge beschließen, die Leichen zu verbrennen. Alle. Sie fangen mit José und seiner Frau Asunción an.
Sie bringen sie in den nahegelegenen Heuschober und zünden sie
an. Da sie nur langsam brennen, gehen sie auf das Gut zurück,
um ein paar Benzinkanister zu holen.

Zuerst die beiden, dann die anderen, den Aufseher nicht zu vergessen, der noch im Kofferraum liegt. Aber was taucht denn da

hinten auf? Ist das nicht das Motorrad dieses dämlichen Laufburschen? Er kommt näher, er kommt hierher.

Und die beiden verschwinden. Und der Bote sieht den Rauch,
fährt hin. Selbst wenn er blind wäre, würde er das rote Auto sehen, das die Straße runterfährt. Das kann nur das Auto des Verwalters sein. Zur selben Zeit halten der Marqués und seine Familie die Totenwache bei seinem an Krebs verstorbenen Onkel
im Krankenhaus von Málaga. Es ist vier Uhr nachmittags, der 22.
Juli 1975.

Drei Tage später, als der Marqués und sein Verwalter allein auf
dem Landgut übernachten, werfen sie die Leiche des Aufsehers,
die sich immer noch im Kofferraum befand, neben einen Baum
auf der Rückseite des Hauses, nachdem die Guardia Civil den
Wald und das Gut schon nach dem Aufseher abgesucht hatte,
den man für den Schuldigen hielt.

Antonio schloß die Augen, um dem Taxifahrer nicht zuhören zu
müssen.

"Wenn ich im Lotto gewinne, baue ich mir eine Klimaanlage ins
Auto. Mein Gott..."

Zurück blieben das Dorf und die Augen voller Haß und Verach-
tung von Mercedes.

Juan Madrid

Übersetzt von Irmgard Kramer

Plaza de España

SERVICETEIL

Ankunft - Im Flugzeug

Der Flughafen San Pablo liegt 12 km außerhalb, an der Carretera de Madrid (Tel. 4516111). Tägliche Flugverbindung von Frankfurt/M. über Madrid nach Sevilla. Inlandsflugverkehr zwischen Sevilla und Madrid, Barcelona, den Balearen, den Kanarischen Inseln, Alicante, Santiago de Compostela, Valencia, Vitoria und Zaragoza. Reservierungen: Iberia Madrid Tel. 91/4112011 oder 91/4111101. Reserv. in Sevilla Tel. 4218800. Es gibt Zubringerbusse vom Flughafen in die Stadt (ca. 150 Pts.), Taxen kosten etwa 1200 Pts. Abfahrt der Busse zum Flughafen vor Bar 'Iberia', C/Almirante Lobo 3.

- Im Zug

Früher gab es zwei Bahnhöfe, heute nur noch einen neuen, die Estación de Santa Justa. Hier Ankunft und Abfahrt aller Züge, auch des neuen Hochgeschwindigkeitszuges, der Madrid und Sevilla in drei Stunden verbindet.
Eine innerhalb Spaniens (noch) preiswerte und angenehme Art zu reisen ist der Autoreisezug (Auto Exprés). So kostet die Strecke Barcelona-Sevilla incl. Liegewagen kaum mehr als Benzin und Autobahngebühr (+ 1 Übernachtung) für die gleiche Strecke. Man kommt über Nacht sicher und ausgeruht ans Ziel und lernt meist noch eine spanische Familie kennen, die in Barcelona arbeitet und ihre Familie im Süden besucht. Information am Schalter oder in Reisebüros mit RENFE-Zeichen.

- Im Bus

Sevilla ist End- und Umsteigestation zahlreicher regionaler und überregionaler Buslinien. Das Busfahren auf Nebenstrecken ist in Andalusien die Reisemöglichkeit, bei der man am meisten von Land und Leuten mitbekommt. Busbahnhof: Manuel Vázquez Sagastizábal, s/n. Tel: 4417111.

- Im Auto

Das Autobahnnetz ist inzwischen über Granada und Sevilla bis Cádiz, Huelva und Málaga weitgehend ausgebaut. Eine gute Straßenkarte ist die Michelinkarte *446 Sur de España - Andalucía*. Aktuelle Informationen über die Autobahngebühren gibt es beim ADAC.

Mitfahrzentrale (Compartecoche) C/Amparo 22-2 D, Tel. 415494

- Mit dem Schiff

Wer von Cádiz her anreist und Zeit hat, kann die Möglichkeit einer herrlichen Bootsfahrt wahrnehmen. Abfahrt in Sanlúcar de Barrameda, dem Herkunftsort des Manzanilla, einem trockenen Sherry, Ankunft direkt am Torre del Oro im Zentrum Sevillas.

WIE MAN SICH IN DER STADT BEWEGT

Zu Fuß

Wer in Sevilla einen Parkplatz gefunden hat, sollte ihn nicht ohne Not aufgeben. Erstens findet sich so schnell kein anderer, und außerdem kommt man in der Innenstadt zu Fuß schneller voran.

Taxen

Tag und Nacht sind über 2000 Taxen unterwegs und bringen den Fahrgast zügig und recht preiswert ans Ziel. Vor den zahlreichen Staus sind sie natürlich auch nicht gefeit. Tel. 4580000, 4622222, 4359835.

Pferdekutschen

Stadtrundfahrten per Kutsche sind ein beliebter Touristenspaß, sie kosten pro Stunde etwa 2000 Pts. Abfahrt an der Kathedrale, an der Plaza de España, am Parque de María Luisa, an den Jardines de Murillo und am Torre del Oro.

Autobusse

Sevilla verfügt über ein weitverzweigtes Autobusnetz, mithilfe dessen man fast jeden Ort in der Stadt erreichen kann. Eine Fahrt kostet etwa 80 Pts., Zehnerkarten (*bonobús*), die auch zum Umsteigen berechtigen, kosten etwa 400 Pts. Die Busse verkehren von sechs Uhr morgens bis Mitternacht, danach fahren noch einige Nachtbusse bis drei Uhr. Die sogenannten Lineas Circulares (Linien C1 - C4) führen um die Altstadt herum. Die Fahrkarten kauft man im Bus oder an Tabakkiosken.

Straßennamen

Sevillaner orientieren sich nicht unbedingt an den offiziellen Straßennamen. Im Laufe der jüngeren Geschichte wurden Straßen und Plätze oft umbenannt. Manche tragen einheimische Namen. So ist etwa die Plaza Jesús de la Pasión jedem unter dem Namen 'Plaza del Pan' bekannt. Fragt man nach einer bestimmten Adresse, dann bekommt man deshalb - nicht aus Unfreundlichkeit - oft ein Kopfschütteln zur Antwort. Zusätze wie *al lado de la catedrál* (neben der Kathedrale) oder *enfrente del Corte Inglés* oder die Namen der alten Stadtviertel (*barrios*) - benannt nach den Kirchspielen - werden sehr großzügig verwendet, können aber sehr nützlich sein.

Auch das Zeitverständnis der Sevillaner ist anders als in Mitteleuropa. Bei Verabredungen können meist eine halbe Stunde Varianz eingerechnet werden. Es kann auch durchaus vorkommen, daß angekündigte Öffnungszeiten nicht immer dem entsprechen, was Mitteleuropäer erwarten. Lassen Sie sich nicht entmutigen oder entnerven und nehmen Sie sich deshalb viel Zeit für Ihren Aufenthalt in Sevilla.

ERSTE EINDRÜCKE

Wir kommen an, erlöst von einer nicht enden wollenden Busfahrt; suchen uns ein Taxi zu unserer Wohnung, die mitten im gefährlichsten Stadtteil Sevillas, in Macarena, liegt. Viele kleine Straßen, durch die jeweils nur ein Auto paßt. Das Ganze mutet wie ein Irrgarten an...

Es ist um diese Nachtzeit angenehm kühl, doch schon ein paar Stunden später wünsche ich mir nichts anderes als ein erfrischendes Bad im Meer. Die gleißende Sonne, das Licht und die brütende Hitze scheinen die Wahrnehmung zu verändern, sie verwandeln die Farben, die Gerüche, ja sogar die Bewegungen. Eingetaucht in dieses Meer von Bewegung, Farbe, Geräuschen und Gerüchen zeigt sich mir Sevilla zum ersten Mal bei Tag. Der erste Eindruck, ein vor allem sinnlicher, kann erschlagen, unser nordeuropäisches Gemüt nahezu überstrapazieren.

Viele Menschen, Märkte, auf denen laut geredet, gelacht und getratscht wird. Eine wahre Freude für uns, die wir nur steril Kunststoffverpacktes gewohnt sind.

Nun sind wir also am südlichsten Zipfel Spaniens. Man darf sich hier nicht zuviele Pläne vornehmen: sie könnten von einer gewissen Desorganisation zum Scheitern verurteilt werden! Nicht umsonst vergleichen viele ihre Stadt in punkto Organisation mit Afrika (wohlgemerkt mit einem Stereotyp von Afrika), das Zentrum mit Madrid mit dem 'typischen' Spanien und Barcelona am ehesten mit Europa. Doch so denken eher die Zugezogenen. Womöglich fällt es ihnen schwer, sich mit dem stark ausgeprägten Lokalpatriotismus zu identifizieren. Allein die vielen Lieder, die Sevilla glorifizieren, hinterlassen beim Besucher den Eindruck, daß es sich um den Garten Eden handeln müsse. Bei einer solchen Portion Stolz verwundert es nicht, daß manche Leute zeit ihres Lebens die Stadt und manchmal selbst das eigene Stadtviertel nicht verlassen.

Diese wunderschönen alten Villen, von denen viele verfallen, weil den Leuten zum Renovieren meist das nötige Kapital fehlt, die königlichen Gärten, die Nähe zum Meer und das Nachtleben wären ein fantastisches Umfeld, um hier zu arbeiten und zu leben.

Wenn man sich auf diese Gegend und ihre Menschen einläßt, stellt man fest, daß hier ein völlig anderes Zeitverständnis herrscht. Man hat hier Zeit für sich und die Welt und auch ich muß sie mitbringen. Es können sich wahre Odysseen ergeben, die jeglichen Plan im Keime ersticken, aber mit der Tatsache enden, daß man plötzlich, ohne es zu bemerken, Zeit hat.

Thomas Frey

SEVILLA IM SOMMER

Sevilla im Sommer, das kennen manche alteingesessene Sevillaner nur vom Hörensagen, viele Touristen wählen jedoch gezwungenermaßen gerade diese Jahreszeit für einen Besuch. Sobald sich der paradiesische Frühling mit seinen legendären Höhepunkten *Semana Santa*, *Feria* und Orangenblüte verabschiedet hat, und der Juni mit für uns schon hochsommerlichen Temperaturen und einem Meer von lila Jacarandáblüten sein kurzes Gastspiel beendet hat, kommt die Zeit, in der die Sevillaner jedes Gespräch mit dem Ausruf *¡ay, que calor!* (oh, was für eine Hitze) beginnen.

Temperaturen und Kleidung

Die Mode stellt sich auf die Temperaturen ein: ultrakurze Miniröcke oder Shorts, oft bauchfreie, hauchdünne Blusen oder Tops sind die Sommeruniform der Frauen, und statt der schwarzen Nylonstrümpfe des Winters wird jetzt braune Haut gezeigt. Nur die Männer sind dazu verdammt, lange Hosen zu tragen. Gelegentlich beobachte ich bedauernswerte Exemplare, die zur heißesten Zeit, also zwischen 16.00 und 17.00 Uhr, bekleidet mit vollem Anzug und Krawatte, versuchen, sich von einem klimatisierten Ort in den nächsten zu retten; anders ist ein drohender Hitzschlag fast nicht zu vermeiden.

Touristen sind von strengen Bekleidungsregeln natürlich ausgenommen. Sie sind eigentlich kleidungsmäßig am besten den herrschenden Verhältnissen angepaßt, wenn man davon absieht, daß sie beim Besuch öffentlicher Einrichtungen, Kirchen usw. ihre Blößen nicht bedecken. Das widerspricht dem lokalen Verhaltenskodex und kann beim Aufenthalt in klimatisierten Räumen eine böse Erkältung zur Folge haben.

Die Maximaltemperaturen können zwischen Juli und September mehr als 45° im Schatten betragen, und 36 - 40° sind tägliche Routine. Die Minimaltemperaturen stellen sich zwischen 7.00 und 8.00 Uhr morgens ein und unterschreiten selten die 25°-Marke. Kühlende Gewittergüsse sind praktisch unbekannt, und meist fehlt auch die frische Brise, die das Leben an der Küste jetzt so angenehm macht. Die beste Taktik, um der Hitze wirksam zu begegnen, besteht darin, leichte Baumwollkleidung zu tragen, sie möglichst oft zu wechseln und Unmengen zu trinken (bei weniger als zwei Litern täglich kann, je nach Flüssigkeitsverlust, schon eine Deshydratationsgefahr bestehen). Auch eine mäßige Einnahme von Mineraltabletten ist nicht fehl am Platze.

Im August ist mittags gegen 15.00 Uhr eine Rundfahrt oder ein Spaziergang im Zentrum nicht nur anstrengend, sondern geradezu unheimlich. Alle Straßen sind menschenleer, Bars und Geschäfte

geschlossen und verriegelt, es herrscht eine drückende Hitze und Stille in der sonst pulsierenden und lärmenden Millionenstadt. Doch plötzlich taucht hier ein Taxi auf, dort noch eines, ein Privatwagen, eine Ampel schaltet auf rot, und schon bildet sich einer der allgegenwärtigen Staus, von denen Sevilla auch im Sommer nicht völlig verschont bleibt. Die Wahrscheinlichkeit, daß eine rote Ampel mißachtet wird, steigt proportional zur Hitze. Der Gedanke an die bedauernswerten Fahrer, die minutenlang ohne kühlenden Fahrtwind in der brütenden Sonne ausharren müssen, läßt einen das verstehen und führt unweigerlich zu eigenen unkontrollierbaren Schweißausbrüchen.

Lebensrhythmus und Essen

Spätestens Anfang August flieht die Mehrzahl der Bewohner panikartig aus Sevilla. Wer es nur irgendwie ermöglichen kann, flüchtet an die Küste oder zieht sich in sein Heimatdorf zurück, wo das Klima meist erträglicher ist. Die Mehrzahl der Familien besitzt oder mietet alljährlich ein festes Appartement. Dort treffen sie sich immer mit den selben Nachbarn, den 'Sommerfreunden', so daß sie auch im Urlaub auf ein gewohntes soziales Umfeld nicht verzichten müssen. Wer noch am 30. Juli mit einem Sevillaner detaillierte Pläne in einer wichtigen Angelegenheit für den folgenden Monat gemacht

hat, kann sicher sein, daß spätestens am ersten August ein gehetzter Anruf kommt, er müsse wegen dringender Familienangelegenheiten für unbestimmte Zeit verreisen, oder das ehrlichere Geständnis, er müsse sofort die Stadt verlassen, die Hitze mache ihn verrückt.

Die Ernährung und der Lebensrhythmus in der Stadt ändern sich schon im Juni radikal. Das kräftige Winteressen mit fettriefenden Eintöpfen wird durch den 'tapeo' ersetzt: hier ein Häppchen und da eines und viel Gazpacho, Bier und Wasser. Größere Mahlzeiten werden nur nachts eingenommen. Mehr als die Hälfte der kleinen Läden, Bars und Büros sind geschlossen. Für die Hiergebliebenen umso schlimmer, da ja der Flüssigkeitsspiegel in den Körperzellen aufrechterhalten werden muß. Von den übrigen Büros und Läden öffnen viele nach Sommerplan, das heißt nur vormittags bis ca. 15.00 Uhr. Die Abendarbeitszeiten fallen aus. Außerdem wird jetzt oft nach Lust und Laune geöffnet oder geschlossen, was für Touristen, die bestimmte Museen besuchen und in Restaurants essen wollen, natürlich besonders ärgerlich ist. Nur auf das Mammutkaufhaus *Corte Inglés* ist Verlaß: seine klimatisierten Geschäftsräume sind wie immer durchgehend geöffnet, für viele Sevillaner eine gute Gelegenheit, sich ein bißchen zu erfrischen. Wer kann, verkriecht sich zur Siesta-Zeit in seiner Wohnung oder im hintersten Winkel seines

klimatisierten Büros und übersteht die heißesten Stunden des Tages nach Möglichkeit schlafend.
Einem Sevillaner vorzuschlagen, vor 21.00 Uhr ohne zwingenden Grund das Haus zu verlassen, hat die Wirkung eines unsittlichen Angebots: erschrockene Blicke und Reaktionen äußersten Widerwillens. Doch geraume Zeit nach Sonnenuntergang geschieht ein kleines Wunder. Die Straßen, Bars und die überall aufgebauten *terrazas* und *chiringuitos* (im Freien improvisierte Lokale) in der zuvor menschenleer scheinenden Stadt füllen sich schlagartig. Und dies nicht nur an den beliebten Orten im Zentrum, wie dem Flußufer und der Plaza de la Alfalfa, sondern auch an versteckten Plätzen in entlegenen Stadtvierteln. Vom Säugling bis zum Greis ist jetzt jeder auf der Straße, um die nächtliche Kühle zu genießen, die um Mitternacht noch über 30° betragen kann. Viele Bewohner setzen sich vor ihre Häuser, um ein Schwätzchen mit den Nachbarn zu halten, und manche lassen es sich nicht nehmen, allabendlich einige Kilometer nach außerhalb zu fahren, wo sie sich an merklich tieferen Temperaturen oder sogar an einer frischen Brise erfreuen können. Dieses Schauspiel von spielenden Kindern und sich angeregt unterhaltenden, essenden und trinkenden Nachbarn auf der Straße dauert meist bis 2.00 Uhr morgens. Davor geht kaum jemand zu Bett, auch die Kinder nicht. Das Schlaf-

bedürfnis der Menschen ist im Sommer sehr gering, und etwas Schlaf wird zur Siesta-Zeit nachgeholt.

Allabendlich werden große Mengen an *copas* und *tapas* konsumiert, und man fragt sich, wie eine größere Familie sich das angesichts der herrschenden Arbeitslosigkeit und des niedrigen Lohnniveaus leisten kann. Bankkredite sind häufig die Lösung aus der finanziellen Misere und entsprechen der verbreiteten Geisteshaltung, die besagt: wir leben heute, was morgen ist, werden wir dann sehen. Sevilla im Sommer erleben? Viele Touristen werden durch die Ferienzeiten dazu gezwungen. Wer sich an die örtliche Lebensweise anpaßt - das heißt mäßige Aktivitäten am Vormittag, nachmittags eine ausgedehnte Siesta und nachts richtig aufzuleben - kann den speziellen Reiz der Stadt im Sommer durchaus genießen. Um das Phänomen der Geisterstadt zu erleben, sollte man auch einmal zur Siesta-Zeit einen Spaziergang durchs Zentrum machen, am besten jenseits der allgemeinen Touristentreffpunkte. Wer versucht, jede Minute seines Urlaubs aktiv zu nutzen, steuert unweigerlich auf einen körperlichen und nervlichen Zusammenbruch zu. Aber kein Problem, der nächste Strand, wo ein Hitzekoller effektiv kuriert werden kann, ist nur 90 km entfernt.

Christoph Kindler, Sevilla.

UNTERKUNFT

1991 gab es nur 30 Hotels und 72 Hostales-Pensionen, vor allem im Altstadtgebiet (z.B. C/Gravina, C/Cervantes, C/Alhóndiga, C/Aguilas).
Die Bettenzahl der gesamten Stadt (4500!) ist daher arg begrenzt. Besucher der EXPO, der Semana Santa (Ostern), der Feria de Abril (zwei Wochen nach Ostern) und der Wallfahrt nach El Rocío (Pfingsten) sollten sich also rechtzeitig beim Fremdenverkehrsamt um eine Unterkunft bemühen.

Einige 4-Sterne-Hotels

Alfonso XIII, C/San Fernando 21, Tel.: 4222850, Telex 72725;
Lebreros, C/Luís de Morales 2, Tel.: 4579400, Telex 72772;
Inglaterra, Plaza Nueva 7, Tel.: 4224970, Telex 72244.

Einige 3-Sterne-Hotels

Corregidor, C/Morgado 17 (Barrio San Martín), Tel.: 385111;
Don Paco, Plaza Padre Jerónimo de Córdona 4, Tel.: 4224931, Telex 72332 (Barrio Santa Catalina);
Giralda Playa, C/Sierra Nevada 3 (Barrio San Roque), Tel.: 4416661.

Einige 2-Sterne-Hotels

Ducal, Plaza de la Encarnación 19 (Barrio San Pedro), Tel.: 4215107;

Internacional, C/Aguilas 17, Tel.: 4213207 (Barrio San Esteban);
La Rábida, C/Castelar 24 (Barrio Santa Maria La Mayor), Tel.: 4220960.

Einige Hostales (Pensionen)

Alcázar, Deán Miranda, 12 (Plaza de la Contratación) Tel.: 4228457.
Avenida, C/Marqués de Paradas 28, Tel.: 4220688;
Central, C/Zaragoza 18 (Barrio Santa Maria La Mayor), Tel.: 4217660;
Prado, Avda. de Málaga 6, Tel.: 4410011, Telex 72725;
Goya, C/Mateos Gago 31 (Barrio Santa Maria La Mayor), Tel.: 4211170;
Europa, C/Jimios 7 (Barrio Santa Maria La Mayor), Tel.: 4214305;
Duque, C/Trajano 15 (Barrio San Miguel), Tel.: 4387011;
Zahira, C/San Eloy 43 (Barrio Santa Magdalena), Tel.: 4221061.

Jugendherberge:
C/Isaac Peral 2, Tel.: 4613150.

Campingplätze:
Club de Campo, an der Straße nach Dos Hermanas, Tel. 720250.
Camping Villsam, an der Straße nach Cádiz, km 554, Tel. 720828.

INFORMATIONEN

Fremdenverkehrsamt - Oficina de Información y Turismo. Avda. de la Constitución, 21. Tel. 4221404

Información del Ayuntamiento. Plaza Nueva s/n. Tel. 4212800 oder 4226958.

Oficina Municipal de Turismo. Paseo de las Delicias s/n. Tel. 4234465.

Fremdenführer:

I.T.A. C/Santa Teresa, 1 Acc., Tel. 4213894 oder 4224641;

A.P.I.T. Apartado de Correos 499 (Postfach), Tel. 4232930; Guidetour, C/Cuna, 41, 2 A, Tel. 4222374 oder 4222375.

Spanisches Fremdenverkehrsamt, Myliusstr. 14. 6000 Frankfurt/M. 1. Tel. 069/725033 oder 069/725038.

Konsulat der Bundesrepublik Deutschland. Avda. Ramón de Carranza, 22, Tel. 4477811 oder 4457976.

Konsulat der Republik Österreich. Marqués de Paradas, 26, Tel. 4222162.

Konsulat der Schweiz. Avda. Reina Mercedes, 25 1.°B. Tel. 4611489 und 4611539.

Fundbüro: C/Almansa, Tel.: 4215694 und 4212628.

Gesundheitsdienst:

Casa de Socorro (Erste Hilfe Station), Tel.: 4411712;

Rotes Kreuz, Notfälle: Tel.: 4350135;

Rotes Kreuz, Ambulanz: Tel.: 4369750;

Toxikologische Information: Tel.: 91 2620420;

Universitätsklinik: Avda. Dr. Fedriani, Tel.: 4378400;

Hauptkrankenhaus: Avda. Manuel Siurot, Tel.: 4610000;

Konsultation vor der Weiterreise nach Marokko: Sanidad Exterior, Avda. de la Raza 2, Tel.: 4627611 und 4627503, Mo-Fr. 9.00-14.00.

Geldwechsel:
In allen Bankgeschäftsstellen im Stadtzentrum (Avda. de la Constitución, Plaza de San Francisco, C/Sierpes, Plaza Nueva, C/Tetuán...) kann man bis 14.00 Uhr Geld wechseln.
An Feiertagen: Hotel Alfonso XIII, C/San Fernando; Hotel Macarena, C/San Juan de Rivera 2; Hotel los Lebreros, C/ Luis de Morales 2. In vielen Banken gibt es mittlerweile Geldautomaten für Euro-Scheckkarten.

Post und Telefon

Post: Avda. de la Constitución 32,
Tel.: 4228880;
Pakete, Avda. Molini s/n, Tel.:
4615194;
Telegramme per Telefon-National,
Tel.: 4222000 oder 4226791;
Telegramme per Telefon-
International, Tel.: 4226860.

Telefonkabinen sind über die
ganze Stadt verteilt. Zum
telefonieren ins Ausland genügend
100 und 25 Pta. Stücke und viel
Geduld mitnehmen! Denn wenn
man schon einmal eine
funktionierende Kabine findet,
dann ist sie auch meist stundenlang
besetzt. Leider stehen die Kabinen
meist an den lautesten Straßen und
sind überhaupt nicht schallisoliert.
Ungestört kann man von der
Telefonzentrale an der Plaza de la
Gavidia (Barrio San Miguel) und
in Hotels telefonieren.
Telefonische Information erhält
man unter der Nummer 003. Die
Vorwahl wird nicht nach Orten,
sondern nach Provinzen vergeben.
Bei Gesprächen innerhalb
Spaniens wählt man die Vorwahl
der betreffenden Provinz. Nach
Deutschland wählt man mit der
Vorwahl 0049, dann wartet man
einen langen Pfeifton ab, bis man
die Ortsvorwahl ohne 0 wählt
(Beispiel: Nach Heidelberg 0049
6221...).

Stadtzeitungen:

EL GIRALDILLO.
Monatlicher Veranstaltungs-
kalender, gratis beim Tourist Info.
CAMBALACHE.
Wochenblatt mit Kleinanzeigen für
Ankauf, Verkauf und Tausch von
allem, was man sich vorstellen
kann.
SEVILLA.
Freitagsbeilage der Tageszeitung
Diario 16. Enthält Veran-
staltungshinweise und Berichte aus
der Kulturszene.
GUIA DEL OCIO.
Monatlicher Veranstaltungs-
kalender, erhältlich an Kiosken.
LA FABRICA DEL SUR.
Andalusische Kunst- und
Literaturzeitschrift
(vierteljährlich).

Internationale Zeitschriften
bekommt man an den Kiosken auf
der Plaza Nueva, C/Sierpes, Plaza
de La Campana, Plaza del Duque.
Gerade die Deutschen Zeitungen
scheinen meist mit einigen Tagen
Verspätungen anzukommen. Um
den SPIEGEL etwa braucht man
sich vor Donnerstag gar nicht
bemühen.

Buchläden

In Spanien muß man unterscheiden zwischen einer kleinen Anzahl von Buchhandlungen mit umfangreichem Sortiment und einer Vielzahl von Papierwarenhandlungen, die neben Zeitschriften, Schreibwaren und Geschenkartikeln auch Bücher führen, sich aber auch Librerías nennen. Das Bestellwesen paßt sich in den Sortimentsbuchhandlungen allmählich an den europäischen Standard an, ein Problem für den Besucher ist, daß die Großhändler den gesamten August über geschlossen haben, ebenso die meisten Verlage.

Große Auswahl haben:

M. Repiso,
C/Cerrajería 4,
Tel.: 4225335;

Padilla,
C/Laraña 2,
Tel.: 4218065;

Al Andalus (vor allem wissenschaftliche Literatur und Belletristik),
Plaza de la Contratación;

El Giraldillo,
Universitätsbuchhandlung gegenüber der Universität,
C/San Fernando 7,
Tel.: 4228643;

Montparnasse,
C/Don Remondo, 3,
Tel.: 4212743.

Librería Beta,
C/Asunción, 31.
Tel. 4271753. Die Librería Beta hat 4 Filialen, günstige Restauflagen und Sonderangebote.

Reguera,
C/Almirante Apodaca, 23-25,
Tel.: 4214084.

Cervantes,
C/San Fernando, 35,
Tel.: 4229328.

Vitruvio,
Plaza de la Contratación, 5,
Tel.: 4226398.

Vértice,
Mateos Gago, 24 A,
Tel.: 4211654.

Die Buchhandlungen in den Corte Inglés-Kaufhäusern sind in der Regel gut sortiert.

Frauenbuchladen 'Lumen',
C/Zaragoza (als solcher von außen nicht unbedingt erkennbar). Wer allerdings ein Äqivalent zu deutschen Frauenbuchläden erwartet, wird enttäuscht sein.

Antiquariate

Vor allem in den engen Gassen des Barrio Santa Cruz stößt man immer wieder auf kleine Antiquariate und Buchhandlungen mit Second-Hand-Abteilungen. Die Bandbreite reicht von Trödlern, die in Hauseingängen Bücher und Zeitschriften verkaufen, die offensichtlich aus der Mülltonne gefischt wurden, bis zu exklusiven Läden mit edlem Buch- und Graphikangebot.
Die Mehrzahl sind jedoch Studentenbuchläden, die gebrauchte Taschenbücher zu billigen Preisen anbieten.

Hier eine Auswahl:

Antonio Castro, Pasaje Andreu, 4.
Conchita, Monte Sión, 9.
El Desván, Don Pedro Niño, 3-6.
Los Terceros, Plaza de los Terceros, 14.
Maymen, Recaredo, 39.
Mercedes, Rivero, 2.
Renacimiento, Mateos Gago, 27.
Ruamiquiya, Feria, 21.
Librería Trueque, Pasaje de Vila, 2.
Librería Zéjel, Martínez Montañés, 4.
Jedes Jahr im November gibt es auf der Plaza San Francisco einen Buchmarkt mit alten und neuen Büchern.

Im größten Kolonialarchiv der Welt lagern über 43.000 Aktenbündel mit Dokumenten sowie knapp 8000 Karten und Pläne aus der Zeit der spanischen Herrschaft in Amerika und den Philippinen. Hunderte von Forschern aus den verschiedensten Sparten der Wissenschaft, insbesondere Historiker, Literatur-, Rechts-, und Wirtschaftswissenschaftler, aber auch Experten auf unterschiedlichen Gebieten wie Schiffahrt, Waffenkunde oder Bergbau aus allen Teilen der Welt besuchen jährlich das Archiv, um das vorhandene Material auszuwerten. Verwaltungs- und Justizakten, Passagier- und Laderegister, Bordbücher, Steuerlisten, königliche Verfügungen und Erlasse, Rechenschaftsberichte der in den Kolonien tätigen Beamten sowie Stellungnahmen und Petitionen geistlicher Würdenträger und spanischer Eroberer und Siedler stellen einen nahezu unerschöpflichen Fundus an Informationen über das einstige spanische Großreich dar. Gerade im Hinblick auf den 500. Jahrestag der ersten Atlantiküberquerung Christoph Kolumbus' 1992 steht das Archivo General de Indias im Mittelpunkt eines verstärkten Interesses, die gemeinsame Vergangenheit Spaniens und seiner ehemaligen kolonialen Besitzungen aufzuarbeiten. Vor dem Hintergrund des Jubiläumsjahres ist daher auch ein ehrgeiziges Modernisierungsprojekt in Angriff genommen worden, um den Zugriff auf die zum großen Teil noch ungenutzten Daten zu erleichtern und den Inhalt der häufig vom Zerfall bedrohten, bis über 400 Jahre alten Dokumente auf Dauer zu erhalten. Mittels Scanner wird der gesamte Dokumentenbestand nach und nach digitalisiert, d.h. in Computern gespeichert, und soll zukünftig für den Benutzer über hochauflösende Bildschirme abrufbar sein.

In dem monumentalen Gebäude zwischen der Kathedrale und dem Alcázar ist ein Ausstellungsraum eingerichtet, in dem Besucher wochentags zwischen 10 uns 13 Uhr wertvolle Exponate und Kuriositäten aus der Schatzkammer des Archivs besichtigen können.

Archivo de Indias (Kolonialarchiv im Barrio Santa Maria La Mayor). Öffnungszeiten: Mo-Fr 10.00-13.00. Tel.: 4211234.

Yacin Hehrlein

Bibliotheken:

Biblioteca Colombina, Patio de los Naranjos, angrenzend an die Kathedrale. Diese Bibliothek enthält die Bücherbestände von Hernando Colón, dem Sohn von Cristobal Colón (Kolumbus). Obwohl sie Diebstahl und Zerstörung ausgesetzt war, zählt sie noch über 3000 Bände, seltene Drucke und Manuskripte u.a. von Christoph Kolumbus.

Bibliothek des Círculo de Labradores, C/Pedro Caravaca 1;

Bibliothek des Círculo Mercantil, C/Sierpes 71;

Städtisches Zeitungsarchiv, Marinepavillon des Parque de Maria Luísa;

Stadtbibliothek, im Rathaus an der Plaza Nueva, 1;

Öffentliche Leihbibliothek, C/Alfonso XII, 19 (Barrio Santa Magdalena).

Central Universitaria, Universitätsbibliothek, San Fernando, ferner einzelne Fakultätsbibliotheken.

Arzobispado de Sevilla, Plaza Virgen de los Reyes, s/n.

Ateneo de Sevilla, Tetuán, 7.

Museen:

Museo de Bellas Artes (Museum der Schönen Künste im Barrio San Vicente). Plaza del Museo. Öffnungszeiten: Di-So 9.30-15.00. Tel.: 4220790 und 4221829;

Museo de Arte Contemporáneo (Museum für Zeitgenössische Kunst), C/Santo Tomás (Barrio Santa Maria La Mayor). Öffnungszeiten: Di-So 10.00-14.00. Tel.: 4215830.

Museo de Artes y Costumbres Populares (Museum für Volkskunst und Volksbräuche) im Pabellón Mudéjar, Plaza de América im Parque de Maria Luísa. Öffnungszeiten: Di-Sa 10.00-14.00. Tel.: 4232576.

Museo Arqueológico (Archäologisches Museum), Plaza de América im Parque de Maria Luísa. Öffnungszeiten: Di-So 10.00-14.00. Tel.: 4232101 und 4232405;

Museo Marítimo. Schiffahrts-museum im Torre del Oro, Paseo de Colón, Tel.: 4222419;

Andalusisches Oldtimer- und Wagenmuseum, C/ San Vicente 69, Tel.: 4376958;

Museum und Nekropole von Carmona, C/Jorge Bonsor in Carmona, Tel.: 4140811;

Stierkampfmuseum in Los
Palacios,
Cortijo Juan Gómez,
Tel.: 4865000.

Museum des Alcázar,
Plaza del Triunfo s/n.
Tel.: 4227163.
(Maurische Kunst)

Casa de las Dueñas, C/ de las
Dueñas, s/n. Tel.: 4220956.
(Sakrale Kunst)

Museum des Casa de Pilatos,
Plaza de Pilatos, 1.
Tel.: 4225055 und 4225298.
(Malerei und Keramik)

Hospital de la Santa Caridad,
(Iglesia de San Jorge), Temprado,
3. Tel.: 4223232 und 4217738.
(Malerei & Skulptur)

Museum der Kathedrale und der
Giralda.
Tel.: 4124971. (Sakrale Kunst,
Bücher, Gewänder etc.)

Museo Tesoro de la Basílica de la
Macarena, Bécquer, 1.
Tel.: 4370195.
(Sakrale Kunst)

Museo Tesoro del Gran Poder,
Plaza de San Lorenzo, 13.
Tel.: 4222295.
(Sakrale Kunst)

Museo del Palacio de Lebrija.
Cuna, 8. Tel.: 4225741.
(Archäologie)

Kunstgalerien:

Círculo Mercantil e Industrial,
C/Sierpes 65, Tel.: 4222980;
Círculo de Labradores,
C/Pedro Caravaca 1,
Tel.: 4226625;
Galerie Melchor,
Plaza de Santa Cruz 10,
Tel.: 4212228 & Plaza
Alfaro 2, Tel.: 4214874;
Galerie Imagen Múltiple,
C/Rodrigo Caro 11, Tel.: 4217261;
Galerie Alvaro,
C/ Gloria 9, Tel.: 4213796;
Galerie Aizpuru,
C/Canalejas 10, Tel.: 4228501;
Galerie Magdalena Mesa,
C/Cuna 9, Tel.: 4223107;
Galerie Murillo,
C/Asunción 42,
Tel.: 4271982;
Galerie Sadartys,
C/Virgen de Luján 39,
Tel.: 4270894;
Galería Rafael Ortíz,
C/Marmoles 12,
Tel.: 4214874;
Galería del Barco,
C/San Juan del Barco 26;
Galería Proarte,
C/Mariano de Cavia;
Galería Roldan,
C/Sierpes 32;
Galería Pueyo,
C/San Pablo 3.
La Máquina Española,
Pastor y Landero, 22,
Tel.: 4217138.
Galería Niello,
Hernando Colón, 6 Acc.
Tel.: 4215577.

SEVILLA
ALS OPERNSCHAUPLATZ

Erstmals befindet sich in Sevilla ein Opernhaus im Bau: das "Teatro de la Maestranza" am Guadalquivir. Auch wenn der letzte Handgriff erst nach der Eröffnung der EXPO getan sein wird, so können wohl dennoch Fidelio, Figaro, Carmen und der Barbier unter freiem Himmel in ihrer Heimatstadt auftreten.

Ende des 18. und zu Beginn des 19. Jahrhunderts wird Sevilla zum Schauplatz vieler bekannter Opern, obwohl Spanien selbst keine großen Opernkomponisten hervorbrachte (wie z. B. Deutschland, Frankreich und Italien).

Das Land des Flamenco, der Stierkämpfer und Zigeuner, übte auf das nördlich gelegene Europa im ausklingenden 18. und im 19. Jahrhundert eine starke Anziehung aus. Sevilla, Hauptstadt Andalusiens und Hochburg der spanischen Christenheit ab 1248, stellt den Schauplatz für vier weltberühmte Opern. Keine andere Stadt Europas kann damit konkurrieren. Rossinis 'Barbier', Bizets 'Carmen' und Mozarts 'Figaro' spielen in Sevilla und Beethovens 'Fidelio' im Staatsgefängnis nahe der Stadt. Diese Opern wurden zwischen 1786 und 1875 uraufgeführt.

Warum aber gerade Sevilla? Spanien war eines von vielen Ländern des alten Kontinents, das dem christlichen Kulturkreis angehörte. 800 Jahre Maurenherrschaft hinterließen Spuren, die aus dem Orient kamen. Erst durch den Zusammenschluß Aragons und Kastiliens nach der Heirat der Reyes Católicos (der Katholischen Könige) konnten die letzten maurischen Bastionen in Andalusien zu Fall gebracht werden. Sevilla wurde bereits 1248 von den Christen eingenommen, Granada folgte als letzte Stadt im Jahre 1492.

Besonders augenfällig ist die Kulturverschmelzung der Christen und Muslime in der Sprache, in verschiedenen Gebräuchen, in der Architektur und der Musik. Bekannte Beispiele sind die Alhambra in Granada, die Moschee von Córdoba und der Alcázar in Sevilla. Auch die volkstümliche Musik, wie Sevillanas und bestimmte Arten des Flamenco, ist mit arabischen Elementen durchsetzt. Sevilla selbst war bereits zur Zeit der arabischen Herrschaft als Stadt des Instrumentenbaus bekannt. Die Muslime erfanden neue und verbesserten bereits vorhandene Musikinstrumente. Die spanischen Worte etwa für Streichlaute (rebec) und Kesselpauke (naker) verweisen etymologisch auf ihre arabische Herkunft.

Durch das Zusammentreffen des katholischen Okzidents und des islamischen Orients nahm Andalusien eine Mittelstellung zwischen wesensverschiedenen

Welten ein, und es konnte sich eine orientalisch geprägte Substanz iberischen Geistes entwickeln. Dadurch war die geographisch Europa zugehörige Gegend für die Nordeuropäer zwar nah, ihrem Wesen nach aber fremd und übte also eine unvergleichliche Anziehungskraft auf den Norden aus.

Die Opern:

Die Bluthochzeit:
Lyrische Tragödie in zwei Akten; Dichtung von Federico Garcia Lorca, Musik von Wolfgang Fortner (Leipzig 1907 - Heidelberg 1987), komponiert 1957, im selben Jahr in Köln uraufgeführt. Spielt in Südspanien um 1900.

In seinem Garten liebt Don Perlimpin Belisa:
Vier Bilder eines erotischen Bilderbogens in der Art eines Kammerspiels. Nach einer Dichtung von F. Garcia Lorca, musikalisch umgesetzt von Wolfgang Fortner 1962, uraufgeführt im selben Jahr in Schwetzingen. Spielt in Spanien in der Zeit des Rokoko.

Don Giovanni:
Oper von Wolfgang Amadeus Mozart; ein heiteres Drama in zwei Akten, der Text ist von Lorenzo da Ponte, geht aber auf das Schauspiel "El burlador de Sevilla" von Tirso de Molina zurück. Spielt in einer spanischen Stadt im 17. Jahrhundert.

Don Carlos:
Oper von Guiseppe Verdi in vier Akten, der Stoff geht auf Schillers gleichnamiges Drama zurück. Spielt in Spanien um 1560.

Die Macht des Schicksals:
Tragische Oper in vier Akten von Guiseppe Verdi. Der Text greift auf das spanische Drama "Don Alvaro o la fuerza del sino" (Duque de Rivas) zurück; spielt in Spanien und Italien um 1750.

Andrea Weber

FESTE UND FESTIVALS

Semana Santa

Die Karwoche ist das bekannteste Fest Sevillas. Mit ihr geht das Kirchenjahr zu Ende. Sie ist geprägt von großen Prozessionen, den *pasos,* Überlebensgroße Jesus- und Marienfiguren werden durch die Straßen getragen, gefolgt von Tausenden von Büßern in farbigen Gewändern mit Kapuzen. Die Gewänder lassen die Zugehörigkeit zu bestimmten *cofradías,* Laienbruderschaften, erkennen. Doch so martialisch, wie sie mit ihren Ku-Klux-Klan-Kapuzen aussehen, sind die Büßer nicht. Ganz nebenbei stopfen sie diskret die Taschen der Kinder mit Bonbons voll.

Feria de Abril

Direkt auf die Osterwoche folgt die Feria de Abril, ein ausgelassenes fünftägiges Fest, das an einem Montag zwischen dem 15. und 21. April beginnt und bis zum Sonntag dauert. (Siehe Textteil)

El Rocío

Am Pfingstmontag wird in El Rocío, einem kleinen Ort zwischen Almonte und Matalascañas, die Virgen del Rocío, die Marienstatue, in einer Prozession umhergetragen, an der mehrere hunderttausend Menschen teilnehmen. Traum eines jeden Pilgers ist es, wenigstens für einen Moment den Saum der Figur zu berühren. Aus allen Teilen des Landes, aber vor allem aus Sevilla, kommen die Besucher, per Pferdewagen, Auto oder in tagelangem Marsch zu Fuß hierher. Von Sevilla aus starten die Pilger am Donnerstag vor Pfingsten.

Musikfestivals

Muestra de Música Antigua (März)
Festival Internacional de Música y Danza (September-Oktober).
Bienal de Flamenco (September-Oktober)
Encuentro Internacional de la Guitarra (Oktober).
Quincena de Flamenco (Dezember).

Theaterfestivals:

Cita en Sevilla. (April-Juni).
Festival de Itálica (August).
Festival Teatro y Danza en Otoño (November)
Fiesta Internacional de Títeres Figurentheater-Festival (Dezember).

Festival Ciclo de Mujeres Realizadoras - Frauenfilmfestival (Februar).

Festival de Cine Homosexual - Schwulen-Film-Festival (Juni-Juli).

Plaza de España - Keramikkacheln der spanischen Provinzen

EINIGE SEHENSWÜRDIGKEITEN

Kathedrale mit der Giralda und dem Patio de los Narajos (Orangenhof), dem ehemaligen Moscheehof. Nach dem Petersdom in Rom, der Basilika in Yamassoukro und St. Paul in London die viertgrößte christliche Kirche der Welt. "Wir wollen eine Kirche bauen, so groß, daß man uns für wahnsinnig hält", hatte 1401 das Domkapitel in Sevilla erklärt, die maurische Moschee abreißen lassen und nur das Minarett stehen lassen. Man baute es zum Glockenturm um. Heute ist die Giralda, wie der Turm heißt, das Wahrzeichen der Stadt. Öffnungszeiten: Mo-Fr 11.00-17.00, Sa 11.00-16.00, So 14.00-16.00. Tel.: 4214971.

Der Alcázar, einst Festung der Maurenherrscher, Königsresidenz, mit Mudéjarpalast, Privatgemächern der Kastilischen Könige, die dazugehörigen Gärten voller Kokos- und Dattelpalmen, Brunnen, Statuen und einer Vielzahl tropischer Pflanzen. Öffnungszeiten: Di-Sa 10.30-17.30. So 10.00-14.00. Tel.: 4222315.

Casa de Pilatos (Barrio San Esteban). Derzeitige Residenz der Grafen von Medinaceli. Öffnungszeiten: Mo-So 9.00-19.00. Tel.: 4225298.

Iglesia del Salvador (Kirche El Salvador). Öffnungszeiten: Mo-Sa 18.30-21.00, So 10.00-13.30 und 18.30-21.00. Tel.: 4214777.

Basilica de la Macarena. Basilika: Öffnungszeiten: Mo-So 9.00-13.00 und 17.00-21.00, Schrein: Mo-So 9.00-13.00 und 17.30-19.30. Tel.: 4370195.

Hospital de la Caridad (Barrio Santa Maria La Mayor). Öffnungszeiten: Mo-Sa 10.00-13.00 und 15.30-18.00, So 10.30-12.30. Tel.: 4223232.

Torre del Oro (Goldener Turm) im Barrio Santa Maria La Mayor. Ein Verteidigungsturm aus dem 12. Jhdt. Auf der anderen Seite des Guadalquivir stand früher ein zweiter, ähnlicher Turm. Beide Türme konnte man mit einer schweren Kette verbinden und so den Hafen für Schiffe sperren. Im Turm befindet sich heute ein Schiffahrtsmuseum. Öffnungszeiten: Di-Fr 10.00-14.00, Sa-So 10.00-13.00. Tel.: 4222119.

San Lorenzo-Kirche und Basilika Jesús del Gran Poder (Barrio San Lorenzo). Öffnungszeiten: Mo-So 8.00-13.30 und 18.00-21.00. Tel.: 4385151.

Plaza de Toros y Museo Taurino (Stierkampfarena und Stierkampfmuseum), Paseo Colón 12. Öffnungszeiten: Mo-Sa 10.00-13.30. Tel.: 4223152.

Kolumbusdenkmal in den Jardines de Murillo im Barrio Santa Cruz.

Römische Ausgrabungen kann man in der C/Marmoles im Barrio San Isidro sehen.

Letzte sichtbare Reste der Alten Stadtmauer befinden sich im Barrio San Gil nahe dem Tor und der Kirche der Macarena.

Itálica (Römische Ausgrabungen im ca. 9 km entfernten Santiponce). Öffnungszeiten: Di-Sa 9.00-18.30, So 9.00-15.00. Tel.: 4392781.

Römische Nekropolis von Carmona (ca. 33 km von Sevilla entfernt). Öffnungszeiten: Di-Sa 9.00-14.00 und 16.00-18.00, So 10.00-14.00. Tel.: 4140811.

Torre de Don Fadrique und Convento de Santa Clara im Barrio San Lorenzo.

Parque de María Luisa, eine weitläufige Grünanlage mit Teichen und Wasserspielen, Ruhebänken, Gartenlokalen und Kinderspielplätzen. In den großen Bäumen, den Magnolien, Dattelpalmen und zahllosen tropischen Pflanzen tummeln sich Sevillas weiße Tauben. Auf den Rasenflächen lagern ganze Familien beim Picknick.

Plaza de España im Parque Maria Luisa. Die ganze Anlage wurde für die Exposición Iberoamericana (1929/30) neu gestaltet; ein monströser halbrunder Bau mit Zitaten zahlreicher architektonischer Stilelemente, einem integrierten Wasserlauf mit Bootsverleih und venezianischen Brücken. Interessant sind die typischen Wandkacheln (Azulejos) aus allen spanischen Provinzen, die in der Ausstellung präsentiert wurden und bis heute erhalten sind. Im und um den Park die ehemaligen Ausstellungspavillons der verschiedenen Iberoamerikanischen Staaten.

Fábrica de Tabacos (heutige Universität) an der Calle San Fernando.
Ein wahrer Irrgarten von Gebäuden, Treppenaufgängen, sonnigen Innenhöfen mit Springbrunnen und schönen Ecken und Nischen.

ESSEN UND TRINKEN

Wer sich selbst versorgt, findet in Andalusien eine enorm große Auswahl an Obst, Gemüse, Fleisch, Fisch und Meeresfrüchten. Frische Lebensmittel kauft man am besten in einer der alten Markthallen, die es in jedem Stadtviertel gibt, beispielsweise in der C/Feria an der Kirche Omnium Sanctorum, an der Plaza Encarnación oder im Markt an der Brücke Isabel II in Triana.

Einen Naturkostladen gibt es in der Passage 'Azahares', parallel zur C/ José Gestoso im Barrio San Andrés. Eingänge an der C/Misericordia-Plaza Zurbarrán oder der Plaza Fernando de Herrera.

Vor allem morgens bis ca. 11.00 Uhr, und am frühen Abend, ißt man Churros, ein fabelhaftes Spritzgebäck. Sie werden mit Kaffee oder *chocolate* gereicht; unter *chocolate* kann aber in den Churrerias zweierlei verstanden werden: eine dicke, süße Schokoladensauce oder Colacao, ein Schokoladengetränk, ähnlich Nesquik oder Kaba. Churros gibt es in vielen Bars, sie schmecken ganz frisch am besten. Außer Konkurrenz ist die Churreria 'La Alegría de la Feria' in der C/Feria. Sonntags werden vormittags frische Churros an einem Straßenstand schräg gegenüber der Macarena-Kirche, auf dem Platz vor dem Provinzhospital zubereitet.

Süße Backwaren (Dulces) aller Art gibt es in der Konditorei 'La Campana' an der Ecke C/Sierpes/Plaza de la Campana.

Vino de Naranjas (süßen Orangenlikör) gibts bei der Bodega von Juan de Huelva in der C/Mateos Gago, nahe bei der Kathedrale.

Agua de Sevilla, ein leckerer Cocktail aus Sekt, Ananassaft, Kognac, Eierlikör, Schlagsahne und allerhand mehr, schmeckt sahnig-kühl, hat es aber in sich! Zu empfehlen ist die Bar Metro in der C/Betis im Stadtteil Triana und das Garlocchi in der C/Boteros (Barrio San Ildefonso) hinter der Plaza de Alfalfa. Ist aber auch in vielen anderen Bars zu bekommen. Er wird normalerweise (halb-) literweise bestellt und in einer Karaffe serviert.

TAPAS

Tapas wurden ursprünglich als kleine Snacks zum Wein oder Bier serviert. Heute bestellt man sie extra. Tapas sind relativ preiswert, es gibt sie in nahezu jeder Eckkneipe. Zu empfehlen sind besonders die Bar Manolo an der Plaza de la Alfalfa (Schnecken, Gambas und Fisch). Das Refugio in der C/Huelva. Hier gibt es die wundervollsten Tapas der Stadt: Spießchen, paniertes Gemüse, Auberginenpastete und vieles mehr. Casa Eulogio in der C/Lumbreras (Barrio San Lorenzo) war der eindeutige Geheimtip von vor 2 Jahren, ist vielleicht auch heute noch einen Versuch wert. Im El Gallego (C/Constancia) in Los Remedios ißt man leckere Miesmuscheln und anderes Meeresgetier. Im Sopa de Ganso in der C/Perez Galdós leckt man sich die Finger nach der wohlschmeckenden und reichen Auswahl an Tapas. Auch Mittagstisch. Auch nicht zu verachten: Bar Giralda, C/Mateos Gago 1, große, gute und günstige Auswahl; Casa Román, Plaza de los Venerables 1, das Beste des iberischen Schinkens; La Albariza, C/Betis 6, bekannt für seine Krabbentortillas; Casa Robles, C/Alvarez Quintero 58 (Barrio Santa Maria La Mayor), leckere Fischsachen; El Rinconcillo, C/Gerona (Barrio Santa Catalina), wohlschmeckende Spinat- und Kichererbsentapas.

Restaurants

Preiswert und gut ißt man im Casa Diego, Plaza de Curtidores (Barrio San Bartolomé) und im Sopa de Ganso, C/Perez Galdós (Barrio San Salvador). Fritierten Fisch kann man (auch nur als Snack zwischendurch) gut im Pez de Espada essen, Calle Cabo Noval (zwischen Plaza San Francisco und Kathedrale).
Andalusische Küche im El Rinconcillo (Calle Gerona, Tel.: 223183), El Bacalao (Plaza Ponce de León 15, Tel.: 216670) und El Abuelo (C/Alvaro de Bazán 2, Tel.: 383451).
Neuerdings gibt es in der Calle Betis (Triana) und in Mateos Gago auch Pizzerias, für Leute, die nicht drauf verzichten können. Seit ca. 1987 hat auch eine ganze Reihe chinesischer Restaurants eröffnet, sie sind nicht zu übersehen.

4 Sterne Restaurants gibt es in einigen Hotels, z.B. Itálica (Hotel Alfonso XIII), Calle San Fernado 2, Tel. 4222850, El Burladero (Hotel Colón), Canalejas 2, Tel. 4222900.

DIE SÜßIGKEITEN DER KLÖSTER

Hat man den Weg zum Innenhof des Klosters von San Leandro erst einmal gefunden und an der Glocke geläutet, hört man hinter dem hölzernen Drehkreuz, aus dem Inneren des Convents, eine Stimme *Deo gratias* sagen. Eingeweihte antworten etwa *A Dios sean dadas* oder *ave María purísima.* Oder man wünscht der unsichtbaren Klosterfrau einen guten Tag und gibt die Bestellung auf, entsprechend der Preisliste, die an der Wand hängt. Das Geld legt man wie an einem Bankschalter auf den Boden des Gestells, und nach dem Drehen erhält man eine kleine Kiste mit süßem Inhalt: *Yemas de San Leandro.* Es sind durch ein Sieb in kochenden Zuckersirup gegossene Eidotter, so süß, daß das Rezept eigentlich nur von den Mauren stammen kann.
Ursprünglich waren die Leckereien als Dankeschön für großzügige Stifter gedacht. Da Stifter heutzutage rar sind, werden die begehrten Süßigkeiten verkauft.
Auch in der Provinz Sevilla kann man in einigen Klöstern Marmeladen, Küchlein und andere Dinge finden, deren Rezepturen nie aufgeschrieben wurden oder deren Zubereitung den kommerziellen Konditoren zu mühsam ist.
Sie haben oft wunderbare Namen wie Engelshaar, Himmelsspeck, Zuckergebäck nach Art des Messias usw...

Adressen:

Monasterio de San Leandro. Plaza de San Ildefonso, 1. (Yemas de San Leandro)

Convento de Santa Inés. Doña María Coronel, 5. (Puderzuckerküchlein, Blätterteig)

Monasterio de Santa Paula. Santa Paula, 11. (köstliche Marmeladen, Engelshaar)

Monasterio de Santa Clara. Santa Clara, 40. (Zitronatgebäck)

Monasterio de Nuestra Señora de los Angeles. Constantina (Prov. Sevilla). (Turrón und Marmelade)

Convento de Santa Clara. Estepa (Prov. Sevilla). (Biskuit, Marzipan)

Monasterio de la Purísima Concepción. Lebrija (Prov. Sevilla). (Mandel- und Kürbisspeisen)

Convento de la Purísima Concepción. Marchena (Prov. Sevilla). (Honiggebäck, Quittencreme)

Convento de Santa María. Morón (Prov. Sevilla). (Weihnachtstortilla, Biscuit, Weingebäck)

Convento de Santa Catalina. Osuna (Prov. Sevilla). (Biskuit, Ölgebäck)

Monasterio de San José. Utrera (Prov. Sevilla). (Sahnebiscuit und Engelshaar).

In Sevilla, im Frühling, die Orangenbäume blühen,

STADTVIERTEL (Barrios)

Los Remedios, jenseits des Flusses, grenzt südlich an *Triana*. Gilt als Wohngebiet der oberen Mittelklasse. Ein neueres Stadtviertel mit fünf- bis achtstöckigen Wohnblocks und Verwaltungsgebäuden. Nicht gerade gemütlich. Hier eröffnen und schließen "moderne" Bars und Diskotheken in rasantem Tempo.

Triana, historisch betrachtet eine Ansiedlung von Fischern und Arbeiterfamilien jenseits des Flusses, die erst ca. im 18. Jahrhundert mit der eigentlichen Stadt zusammengewachsen ist. In der Calle Salado gibt es Bars, in denen Sevillanas getanzt werden (und nordeuropäische TouristInnen sich vielleicht fehl am Platze fühlen). Die Calle Betis am Fluß entlang ist die Straße, wo im Sommer, wenn es selbst nachts überall unerträglich schwül ist, oft noch ein erfrischendes Lüftchen weht; dann findet hier, auf der Straße und in den Seitengäßchen das Nachtleben statt.

Barrio Macarena, bestehend aus den alten Stadtvierteln Santa Lucia, San Julián, Santa Marina, San Gil, Omnium Sanctorum. Die Basilika der Macarena beherbergt die Statue der "María Santissima de la Esperanza Macarena" (Heiligste Jungfrau der Hoffnung), eine der verehrtesten Marienfiguren der Stadt. Traditionsbewußte Menschen heiraten vor ihrem Altar... Neben der Basilika befindet sich ein - restauriertes - Tor der früheren Stadtmauer, von der hier, Richtung Osten, noch ein Teil erhalten ist. Ansonsten ein Wohnviertel "einfacher Leute", dementsprechend auch kleine Läden, Bars. Zum Bummeln eignet sich auch die Calle Feria, vor allem donnertags, wenn dort der *Jueves*, eine Art Flohmarkt, stattfindet.

Santa Cruz und *Santa María La Mayor*: Rund um die Kathedrale. Hier zeigt sich Sevilla so, wie es der Tourist erwartet: enge und weiße Gassen, romantische Ecken, grünbewucherte Patios (Innenhö-fe), echte und falsche gitarre-spielende Gitanos, Andenkenläden. *Santa Cruz* ist das ehemalige Judenviertel; hier sind die Gassen am engsten, und am saubersten. Einige Bars und Restaurants, ganz auf Touristen eingestellt. Sehr beschauliche Plätze, nicht ganz echt, aber trotzdem schön zum Verweilen.

Die *Polígonos* (Vorstadtsied-lungen) bilden wie in fast allen spanischen Städten einen Gürtel von eng aneinandergebauten Wohnsilos in einfachster Bauart. Ganze Stadtviertel sind der Spekulation zum Opfer gefallen, und so lebt die Mehrzahl der Sevillanos heute in solchen sterilen Wohnblocks, die mit den gewachsenen Altstadtvierteln wenig zu tun haben.

Alles ist Musik und Harmonie,

Gazpacho andaluz
Kalte Gemüsesuppe

3 reife Tomaten, geviertelt
1 grüne Paprikaschote, gehackt
1 Gurke, in Scheiben
½ Tasse geriebener Zwieback
1 zerdrückte Knoblauchzehe
1 EL roter Weinessig
3 EL Olivenöl
Pfeffer, Salz

Für die Garnierung

1 kleine gehackte Paprikaschote
1 gehackte Tomete
1 kleine gehackte Gurke
1 kleine gehackte Zwiebel
1 Tasse geröstete Brotwürfel

Alle Zutaten in einem Mixer
pürieren und evtl. durch ein Sieb
drücken. Mit Salz, Pfeffer und
Essig abschmecken, nach Belieben
mit Wasser verdünnen und 2 - 3
Stunden in den Kühlschrank stellen.
Entweder als Getränk im Glas
servieren, oder im Suppenteller mit
Gemüse- und Brotwürfeln garniert.

Ajo blanco con uvas
Knoblauchsuppe mit Weintrauben

4 - 6 Portionen

2 Knoblauchzehen
4 Scheiben Weißbrot, ohne Rinde
1 Tasse blanchierte Mandeln
1 EL Essig
2 EL Olivenöl
1 TL Salz
1/4 TL weißer Pfeffer
4 Tassen Eiswasser
24 gelbe Weinbeeren

Man gibt alle Zutaten außer den
Trauben in einen Mixer, rührt sie
glatt, gießt die Suppe in
Portionsschalen und läßt die
Beeren obenauf schwimmen.

... ALEGRÍA Y JOLGORIO ...

Freude und fröhliches Treiben.

Cordero lechal
Milchlamm

1 Kg Lammkeule (ca. 2 Stück)
4 EL Schweineschmalz
1 Zwiebel, kleingehackt
1 Lorbeerblatt, Thymian
1 Tomate, kleingehackt
½ l trockener Weißwein
½ l Fleischbrühe
4 Äpfel, geschält und geviertelt
500 g Möhren
2 EL Mandeln oder Pinienkerne
2 Knoblauchzehen
Petersilie, Salz, Pfeffer

Die Knochen auslösen und beiseite stellen. Die Hälfte Schmalz in einem schweren Topf erhitzen, die in Stücke gehackten Knochen, die Zwiebel, die Tomate, das Lorbeerblatt und den Thymian etwa 10 Minuten auf kleiner Flamme unter gelegentlichem Rühren braten. Den Wein hinzufügen und durch Köcheln auf die Hälfte reduzieren. Die Fleischbrühe zugeben und weitere 10 Minuten köcheln. Durch ein Sieb schütten und zur Seite stellen. Das Lammfleisch salzen, pfeffern und mit dem restlichen Schmalz einstreichen. Die Äpfel ins Innere füllen und zusammenbinden. Das Fleisch in eine Auflaufform legen, die Möhren, den gehackten Knoblauch, Petersilie und Mandeln (oder Pinienkerne) ringsum legen, die Sauce darübergießen und im vorgeheizten Backofen bei 200° 1 - 1½ Stunden backen.

Sopa de gato
Katzensuppe

Weißbrotscheiben
4 El Olivenöl
3 Knoblauchzehen
Salz
Wasser

Der Knoblauch wird in einer Pfanne im Olivenöl angebraten, ohne braun zu werden. Mit Wasser aufgießen und salzen. In einer Auflaufform die Suppe über das Brot gießen. Das Brot soll die Suppe aufsaugen. Im Ofen backen bis die Oberfläche getoastet ist. Als Variante kann man der Suppe grüne Spargelspitzen, geschnittene Zwiebeln, Mandeln etc. beigeben.

Die Stadt füllt sich mit Touristen, die begeistert sind von den Bauten,

Pez espada gratinado
Gratinierter Schwertfisch

500 g Schwertfisch in 1 cm dicken
Scheiben
3 Sardellenfilets
1 Lorbeerblatt
2 EL gehackte Petersilie
1 Zwiebel
Rosmarin
2 Knoblauchzehen
1 Zitrone
8 EL Olivenöl
2 Scheiben Zwieback
Pfeffer
Salz

Die Schwertfischscheiben
(ersatzweise Thunfisch) waschen
und mit Küchenkrepp abtrocknen.
Eine flache Backform mit 2 EL Öl
einstreichen und den Fisch
nebeneinander daraufl egen. Die
Sardellenfilets abspülen. Sardellen,
Lorbeerblatt, Petersilie, Zwiebel,
Rosmarin und Knoblauch fein
hacken. Mit dem Saft der Zitrone
und dem restlichen Öl verrühren.
Diese Paste auf die Fischscheiben
streichen, den im Mörser fein
zerstampften Zwieback
darüberstreuen, salzen, pfeffern
und im vorgeheizten Backofen bei
großer Hitze 30 Minuten backen.
In kleine Portionen teilen und heiß
servieren.

Rape al vino blanco y naranja
Seeteufel in Weißwein und Orange

500 g Seeteufel
3 EL Olivenöl
1 Zwiebel
1 Lauchstange (nur den weißen
Teil)
1 Knoblauchzehe
1 EL Mehl
1 Tasse Fischfond
1 Glas Málagawein
1 Orange
Petersilie

In einer Pfanne das Öl erhitzen.
Die Zwiebel, den Lauch und den
Knoblauch sehr fein hacken und
anbraten. Das Mehl einrühren, den
Fischfond, den Wein und den Saft
der Orange hinzugeben. Auf
kleiner Flamme etwas reduzieren
lassen. Den Fisch in Scheiben
schneiden, salzen, pfeffern und in
der Sauce ca 20 Minuten köcheln.
Zwischendurch einmal wenden.
Die Seeteufelscheiben
herausnehmen, auf eine
vorgewärmte Platte legen und die
Sauce durch ein Sieb darüber
passieren. Mit Orangenscheiben
servieren.

den Gebräuchen seiner Einwohner,

GLOSSAR ESSEN & TRINKEN

acedía Scholle

aceite (de oliva) (Oliven-) Öl

aceituna Olive

acelga Mangold

adonis Cocktail aus trockenem Sherry und süßem Wermuth

agua mineral con (sin) gas Mineralwasser mit (ohne) Kohlensäure

aguacate Avocado

aguardiente Schnaps

ajo Knoblauch

ajo blanco (con uvas) kalte Suppe aus Olivenöl, Mandeln, Knoblauch und Weintrauben

al ajillo mit Knoblauch

albahaca Basilikum

albaricoque Aprikose

albóndiga (Fleisch)-Klößchen

alcachofa Artischocke

alcaparra Kaper

alcuzcuz Kuskus

algarroba Johannisbrot, Carob

alioli Knoblauchölsauce oder Knoblauchmayonnaise

almeja Venusmuschel, Teppichmuschel

almendra Mandel

almendras garapiñadas gebrannte Mandeln

almuerzo Mittagessen

alubia Bohne

amontillado halbtrockener Sherry

anchoa Sardelle

anguila Aal

angula Glasaal, junger Aal

anís Anis, Anisschnaps

ánsar Gans

apio Sellerie

arenque Hering

arroz Reis

asadura Innereien

atún Thunfisch

avellana Haselnuß, in Andalusien auch Erdnuß

azafrán Safran. Auch Bezeichnung für die billige, aus Eigelb hergestellte Lebensmittelfarbe, die in vielen Haushalten anstelle des Safrans benutzt wird.

azahar Orangenblüte

azúcar (de caña) (Rohr-) Zucker

bacaladilla Blauer Wittling

bacalao Stockfisch, meist Kabeljau (ungesalzen)

bacalao salado Klippfisch (gesalzen)

barra de pan Weißbrotstange

beber trinken

bebida Getränk

bejel Knurrhahn

berberecho Herzmuschel

berenjena Aubergine

berza Kohl, auch andalusisches Eintopfgericht

besugo Meerbrasse

bikini Sandwichtoast mit Käse und Schinken

bistec (Beef-) Steak

bizcochos borrachos in Sherry getunkte Biskuits

boca (de la isla) Krebsscheren des *barrilete*-Krebses

bocadillo Sandwich, großes belegtes Brötchen

bocaditos de monja Mandelgebäck

bodega Weinkeller

boga Goldstriemen,

bogavante Hummer

bonito Bonito, weißer Thunfisch

boquerón Sardelle, Anchovis

der Semana Santa,

boquerones al vinagre Sardellenfilets in Essig mariniert
botella Flasche
botijo Wasserkrug
a la brasa vom Holzkohlengrill
breca Rotbrasse
brécol(es) Brokkoli
breva Frühfeige
brocheta Spieß
buey Ochse
buey de mar Taschenkrebs
buñuelos Spritzkucken, Ölgebäck
caballa Makrele
cabra Ziege
Cabrales Blauschimmelkäse
cabrito Zicklein
cacahuete Erdnuß
café con leche Kaffee mit viel
Milch
café cortado Kaffee mit etwas
Milch
café sol y sombra, sombra Kaffee
mit Milch (halbe - halbe)
café solo Espresso
calabacín Zucchini
calabaza Kürbis
calamar Tintenfisch
caldeirada Fischeintopf
callos Kutteln, Rindermagen
camarero Kellner
camarón Sandgarnele
caña Bier vom Faß
canapé belegtes Schnittchen
canela Zimt
cangrejo Krebs
cántaro Krug
carabinero rote Riesengarnele
caracol Schnecke
carajillo schwarzer Kaffee mit
einem Schuß Schnaps
cardillo Golddistel
carne Fleisch

carne de membrillo Quittenbrot
carnero Hammel
carnicería Fleischerei, Metzgerei
castaña Eßkastanie, Marone
cazuela Kasserolle, Tontopf
cebolla Zwiebel
cena Abendessen
centollo(a) Seespinne
cerdo Schwein
cereales Getreide(flocken)
cereza Kirsche
cerillas Streichhölzer
cerveza Bier
champaña Schaumwein
champiñón Champignon
cherna Zackenbarsch
chícharo Erbse
chicle Kaugummi
chiringuito Imbißstand
chivo Zicklein
chocolate Schokolade, Kakao
chopo, chopito kleine Sepia
chorizo Paprikawurst
chuleta Kotelett
churrasco geröstetes Ochsenfleisch
churros Fettgebackene Kringel.
Kaffee oder Schokolade und
Churros sind ein beliebtes
Frühstück
cigala Kaisergranat,
Kronenhummer
cigarrillo Zigarette
cigarro Zigarre
cilantro Koriander(kraut)
ciruela Pflaume, Zwetschge
cochinillo Spanferkel
cocido Eintopf
cocina Küche
coco Kokosnuß
cóctel Cocktail
codorniz Wachtel
coliflor Blumenkohl

den Stierkämpfen,

colma(d)o einfaches Lokal
comedor Speisesaal
comer essen
comino (Kreuz)kümmel, Kumin
coñac Weinbrand
concha Muschel
concha de Santiago Jakobs-
   muschel, Pilgermuschel
conejo Kaninchen
congrio Seeaal
corderito, corderillo Lämmchen
cordero Lamm
corvina Adlerfisch
costilla Rippchen
Cream Sherry süßer Sherry
crema Sahne, Cremesuppe
criadilla (de cordero)
   (Hammel-)Hoden
crustáceos Krustentiere
cuchara Löffel
cuchillo Messer
cuco Knurrhahn
cuenta Rechnung
dátil Dattel
dentón Zahnbrassen
desayuno Frühstück
   (= Ent-Fasten)
dolorosa die Schmerzhafte
   (= Rechnung)
dorada Goldbrasse
dulce süß, Süßspeise
empanada Pastete, Teigtasche
ensalada (mixta) (gemischter)
   Salat
entrada Vorspeise
entrecot Mittelrippenscheibe,
   Entrecôte
entremeses Vorspeisen
escabeche Marinade
escalope(a) Schnitzel
espárragos (trigueros) (grüner)
   Spargel

espinacas Spinat
fabada Eintopfgericht
fino trockener Sherry
flan Pudding aus gestocktem Ei
   mit Karamelsauce
frambuesa Himbeere
fresa Erdbeere
frito gebacken, gebraten
frutas Obst
gachas Mehlbrei mit
   verschiedenen Zutaten
gamba Garnele, Krevette
garbanzo Kichererbse
gazpacho kalte Gemüsesuppe
granada Granatapfel
granadilla Passionsfrucht,
   Maracuja
granizado Eisgetränk
gratinado, al gratén überbacken
guisado Schmorfleisch
guisante Erbse
guiso Gericht, Geschmortes
haba dicke Bohne, Saubohne
habichuela weiße Bohne
harina Mehl
helado Eiscreme
hielo Eis(würfel)
hierbabuena Minze
hígado Leber
higo späte Feige
higo chumbo Kaktusfrucht
hinojo Fenchel
hojaldre Blätterteig
hongo Pilz
horchata de almendras
   Mandelmilch
horchata de chufas
   Erdmandelmilch
huevas Fischrogen
huevo Ei
jamón Schinken
jamón dulce gekochter Schinken

der wunderbaren Sommersonne.

jamón ibérico, pata negra Schinken
vom iberischen Schwein
jamón serrano roher Schinken
Jerez Sherry
cream oloroso: süß
amontillado: halbtrocken
fino: trocken
judía (blanca, verde) (weiße,
grüne) Bohne
jurel Stöcker (Fisch)
langosta Languste
langostino große Garnelenart
laurel Lorbeer
leche Milch
lechuga grüner Salat
legumbres Gemüse
lenguado Seezunge
limón Zitrone
lisa Steinbeißer, Meeräsche
lomo, lomillo Lende, Filet
lubina Seebarsch, Seewolf
manchego Schafskäse aus der
Mancha
manteca Schmalz
mantequilla Butter
manzana Apfel
manzanilla trockener Sherry, aber
auch Kamillentee!
mariscería Fischrestaurant
mariscos Meeresfrüchte
mejillones Miesmuscheln
mejorana Majoran
melocotón Pfirsich
melón Honigmelone
membrillo Quitte
mercado Markt
merendero Ausflugslokal
merluza Seehecht
mero Zackenbarsch
miel Honig
montado, montao (kleines)
belegtes Brötchen

mora Brombeere
moraga de sardinas im Freien
gegrillte Sardinen am Spieß
morcilla Blutwurst
moscatel Muskatellerwein
mostaza Senf
naranja Orange
nata Sahne
nuez Nuß
olla Kochtopf, Eintopf
oloroso leicht süße Sherrysorte
ostra Auster
paella Paella, Reispfanne
pagar bezahlen
pan Brot
pan de higo Feigenbrot
pargo Sackbrassen
parrilla Grill
pasa Rosine
patatas fritas Pommes frites,
Bratkartoffeln, Chips
paté Pastete
pato Ente
pavo Truthahn
pepino Gurke
pera Birne
percebes Entenmuscheln
perdiz Rebhuhn
perejil Petersilie
pescaditos, pescaítos kleine in Öl
gebratene Fische
pescado Fisch
pez de San Pedro Petersfisch
pez espada Schwertfisch
picadito, picadillo Hackfleisch,
kleingehackter Salat etc.
pimentón Paprikapulver
pimienta Pfeffer
pimiento Paprikaschote
piña Ananas
pincho, pinchito Spieß(chen)
piñón Pinienkern

Kurz und gut, Sevilla haut einen um.

pipas Sonnenblumenkerne
pistacho Pistazie
plancha Grillpfanne
plátano Banane
platija Flunder
pollo Hähnchen
pomelo Pampelmuse, Grapefruit
ponche Orangenlikör mit Brandy
postre Dessert, Nachtisch
puchero Eintopf
puerro Porree, Lauch
pulpo Krake, Polyp, Oktopus
pulpito kleiner Krake
puntillitas kleine Tintenfische
queso Käse
rabo de toro Stierschwanz
ración Portion, doppelte *tapa*
rape Seeteufel
raya (de clavos) (Nagel)rochen
relleno gefüllt
repostería Konditorei(waren)
revoltillo, revuelto Rührei
riñón Niere
róbalo Wolfs-, Meerbarsch
rodaballo Steinbutt
romero Rosmarin
ropa vieja Resteeintopf
roscos Gebäckkringel
sal Salz
salchichón Salami
salmón Lachs
salmonete Meerbarbe
salmorejo Beize
salsa Sauce
salvia Salbei
sandía Wassermelone
sangría bowleähnliches Getränk
   aus Rotwein, Brandy, Früchten
sardina Sardine
sargo Geißbrasse, Spitzbrasse
sepia Tintenfisch, Sepia
servicio Bedienung

servicios Toiletten
seta Pilz
sidra Cidre, Apfelwein
solomillo Filet
sopa Suppe
sorbete Sorbet, Fruchteis
tarta de aceite Ölkuchen, der meist
   zu Ostern gebacken wird
tasca einfaches Lokal, Kneipe
té Tee
tenedor Gabel
ternera Kalb
tiburón Haifisch
tinto Rotwein
tocino Speck
tomillo Thymian
tortilla, tortilla francesa Omelett
tortilla española Kartoffelomelett
tostada Toast
tripas, tripacallos Kutteln
trucha Forelle
turrón Süßigkeit aus Mandeln,
   Honig etc.
uva Weintraube
vaca Kuh
vaso Glas
venta Wirtshaus an der Landstraße
verdura(s) Gemüse
vieira Pilgermuschel
vinagre Essig
vino blanco, rosado, tinto
   Weißwein, Rosé, Rotwein
zanahoria Möhre, Karotte
zarzuela Fischeintopf
zumo Saft

Auszug aus TAPAS - Spezialitäten
aus Spanien. Kassel 1991.
siehe S. 206.

NACHTLEBEN

Das Nachtleben verlagert sich
jedes Jahr auf andere Gegenden
der Altstadt. In den folgenden
Straßen ist man aber nie falsch:
C/Siete Revueltas, Plaza de la
Alfalfa, C/Pérez Galdós,
C/Mateos Gago und C/Betis in
Triana.

Bars

Abades in der C/Abades (Barrio
Santa Maria La Mayor).
Hochnoble Bar für einen kühlen
Drink in gehobenem Ambiente.
Hier verkehren die ganz Betuchten
und Bedeutenden und solche, die
sich dafür halten. Empfehlenswerte
Athmosphäre.
Café Alameda, in der Calle
Trajano, hier kann auch frau
ungestört auf dem roten Samtsofa
sitzen; das einzige Lokal in Sevilla,
das meiner "deutschen" Vorstellung
eines Cafés entspricht. Angenehm.
Cafe Bar Alhucemas, Calle Carlos
Cañal 20 (an der Plaza Nueva).
Ideal vor einem letzten Drink,
bevor der Nachtbus abfährt.
Anima, C/Miguel Cid 80 (Barrio
San Vicente). Gute Tapas,
Mischung aus Kunstgalerie und
Eckkneipe.
Carbonería, C/Levies 18 (Barrio
Santa Maria La Blanca), vor allem
von ausländischen Studenten
empfohlen!
Garlocchi, C/Boteros (Alfalfa).
Voller sevillanischer Semana-Santa
Ästhetik: Weihrauch,
Jungfrauenstatuen, Grünpflanzen,
alte Fotos von Toreros,
Kirchenchoräle, Rattanmöbel und
Folkloremusik. Angenehm ruhig
und eine Augenweide.
Lamentable, C/Pérez Galdós
(Alfalfa). Im Herzen des
Nachtlebens.
El Patio de San Laureano,
C/Alfonso XII, am alten Córdoba-
Bahnhof.
Bar Pilatos (Barrio San Esteban),
gegenüber Casa de Pilatos in der
C/Aguilas. Athmosphäre wie in
den bewegten 70ern.
Sevilla-Sanlúcar-Mar, auf der
Puente Isabel II (bekannter unter
dem Namen: Puente de Triana).
Die Lokale des EX-Sängers
Manuel vom Duo 'Lole y Manuel'
in der C/Torneo (Barrio San
Lorenzo) und des Journalisten 'El
Loco de la Colina' (C/Alvarez
Quintero, gegenüber der
Kathedrale, Dachterrasse, nächtens
mit lohnendem Rundblick).
In Triana: Druida in der
C/Rodrigo de Triana 96; El
Morapio in der C/Pelay Correo.

Tablaos de Flamenco

El Arenal, C/Rodó 7, Tel.: 216492
Los Gallos, Plaza Santa Cruz 11,
Tel.: 216981.
El Semáforo, Avenida Bormujos 11
im Dorf Castilleja de la Cuesta,
Tel.: 163693.
El Patio Sevillano, Paseo de Colón,
an der Stierkampfarena.

Jazz

Täglich Gruppen oder Solisten im 'Sol' in der Calle Sol 40 (Barrio Santa Catalina).

Discos

Area 2 (Calle Marqués de Paradas), SAL de Sevilla (C/Castilia 175, Ortsausgang Triana, nahe Carretera de Huelva), Bestiario (C/Zaragoza 35), Poseidón (Calle Marqués de Paradas), El Dragón Calle Betis 60).

Lesben und Schwule treffen sich in den letzten Jahren zunehmend in den modernen 'normalen' Lokalen und Discos. Die Lesbenszene hat als Anlaufpunkt die Bar Valentino II in der Calle Marqués de Paradas. Infos für Lesben gibts auch im Frauenbuchladen 'Lumen' in der C/Zaragoza.

Für Schwule gibt Sevilla an Bars und Diskotheken zahlenmäßig wenig her. Trotzdem ist die Stadt interessant, da sich viel auf Straßen und Plätzen und in den scheinbar 'normalen' Bars abspielt. Rein schwul sind mehrere Lokalitäten um die Calle Marqués de Paradas (z.B. Poseidon, Valentino I), sowie das Itaca (C/Amor de Dios) - beide ab etwa 23.00 Uhr. Outside Cruising Tag und Nacht im Parque de Maria Luísa, nachts in in den Jardines de Murillo (Vorsicht ist geboten!).In der C/Resolana gibt

es die Sauna 'Nordik'. Die Schwulengruppe FLHA trifft sich unregelmäßig und ist schwer zu kontaktieren, hat jedoch ein Postfach (Apartado 800).

Die Transvestitencabarets Salsa (Chapina) und Sevilla de Noche (C/Antonia Díaz) sind voller Plüsch und Charme. Die Programme und die Stars wechseln häufig. Imitationen frankistischer Folkloresängerinnen und moderner Stars. Unbestrittene Stars und fast immer in Sevilla sind Paco Montiel als Sara Montiel, Feli als andalusische Schlampe und die legendäre Viki Aranda als Estrellita Castro oder Marifé de Triana. Es ist allerdings nicht immer ganz leicht, dem sprühenden Witz zu folgen. Meiner Meinung nach ein Muß!

Kinos

Im Sommer gibt es in jedem Stadtviertel eine ganze Reihe von Open-Air-Kinos (Cines de Verano), in denen die Nachbarschaft allabendlich meist B-Movies, die an eine Hauswand projiziert werden, goutiert. In den Cines de Verano herrscht lebhafte Athmosphäre mit schreienden Kindern und Getränkeausschank, die Filme selbst dienen eher der Untermalung des Soziallebens. Empfehlenswert.

Unter den üblichen Lichtspielhäusern sind folgende Kinos zu nennen:
Alameda-Kinozentrum, Alameda de Hércules 9 (Barrio San Lorenzo), 4380157;
Avenida-Kinozentrum, Marqués de Paradas 15, 4221548;
Azul, La Florida 15, 4415309;
Florida, Menéndez Pelayo 31, 4413553;
Corona Center, in Triana, zwischen Pagés del Corro und C/Paraiso, 4278064;
Cristina, Puerta de Jeréz, 4226680.

Gutes Kinoprogramm haben die "Cine-Clubs" der Universität. Die verschiedenen Clubs stellen oft Filmreihen zu einem Thema oder von einem Regisseur zusammen. Die Filme werden in Räumen der Universität gezeigt, der Eintritt ist billig. Das aktuelle Programm steht in der Lokalpresse.

SONNTAGMORGEN IN DER STADT

Ein Besuch auf den Flohmärkten in Sevilla

Es ist schon erstaunlich, welche Ruhe in diese sonst so lärmende und hektische Stadt einkehren kann. Regelrecht Totenstille herrscht sonntags morgens in der Altstadt von Sevilla, vergleichbar allerhöchstens noch mit der Ruhe vor dem Sturm samstags nachmittags vor dem großen Ausgehvergnügen am Abend.
Wer bei dieser Gelegenheit nicht allzu spät ins Bett gekommen ist, sollte jene morgendliche Beschaulichkeit zu einem Spaziergang nutzen. Die schmalen Gäßchen und kleinen Plätze werden dem Umherstreifenden um diese Zeit in einem völlig anderen Lichte erscheinen. Frei von jeglicher Geschäftigkeit, wirkt jeder Winkel der Stadt wie verwandelt.

Auf der Plaza Alfalfa wird man jedoch bereits zu früher Stunde auf großen Andrang treffen. Hier wird der Kleintiermarkt abgehalten, auf dem örtliche Zoohandlungen wie Privatleute Hunde und Katzen, Fische, Schildkröten, Meerschweinchen und alle möglichen Vogelarten zum Verkauf anbieten. Wenn man sich dem Platz nähert, hört man schon von weitem ein fröhliches Stimmengewirr, das sich mit dem Gezwitscher der Kanarienvögel und Wellensittiche und dem Gegurre der Tauben vermischt. Viel gekauft wird eigentlich nicht. Das Ganze scheint mehr wie ein großer Spaß für Kinder: Hier mal einen Welpen streicheln, dort mit einem Kätzchen spielen; es sind tatsächlich sehr viele Familien mit Kindern, die sich auf der Plaza Alfalfa zu diesem Feiertagsvergnügen einfinden. Plötzlich entsteht an einem Ende des Platzes großer Aufruhr. Die Polizei hat einen Mann mitsamt Hund, den er verkaufen wollte, festgenommen und auf die Wache abtransportiert. Angeblich soll der Mann den Welpen ohne die notwendige Impfbescheinigung angeboten haben. Der Vorfall gibt Anlaß zu heftiger Empörung. Ausrufe wie: "Wir leben hier in einem freien Land" oder gar: "Das soll die Demokratie sein" zeigen, daß kaum jemand mit dem harten Eingreifen der Polizisten für obrigkeitliche Ordnung im weitgehend selbstorganisierten Marktgeschehen einverstanden ist. Eine halbe Stunde später ist das Ereignis noch immer Gegenstand erregter Diskussionen.

Den Sonntagmorgenspaziergang kann man weiter fortsetzen in Richtung Stadtteil Macarena. Auf der Alameda, einem großen langgestreckten Platz, rund zehn Minuten zu Fuß von der Plaza Alfalfa entfernt, findet jeden Sonntag der *mercadillo* statt. Der *mercadillo* ist ein Flohmarkt, wo es allerlei Plunder aus zweiter Hand, alte Bücher, Zeitschriften, Schallplatten und sonstige tatsächliche oder vorgebliche Antiquitäten zu erstehen gibt. Daneben bieten aber auch zahlreiche fliegende Händler aus Sevilla und Umgebung Billigware verschiedenster Art an: Kleidung, Schuhwerk, Spielzeug, Haushaltsartikel oder Elektrogeräte aus Fernost. Von Jahr zu Jahr nutzen auch immer mehr Afrikaner die Gelegenheit, auf dem *mercadillo* Kunsthandwerk aus ihren Heimatländern unter die Leute zu bringen. Eindrucksvoll sind die Türme von Autoreifen oder die an einigen Stellen zu Dutzenden aufgestapelten Küchenspülen, ja ganze Badezimmereinrichtungen kann man erwerben, von der Kloschüssel bis zum Waschbecken. Am erstaunlichsten jedoch ist die Ansammlung oft alter und verrotteter Werkzeuge und Ersatzteile unterschiedlichster Sorte, bei denen man sich fragt, wozu diese Sachen noch zu gebrauchen sein mögen. Ganz besonderer Andrang herrscht auf dem *mercadillo* zwischen 12 und 14 Uhr. An allen Ecken dröhnt Musik aus Lautsprechern kleiner Diskotheken auf Rädern; hier werden hausgemachte Kassettenaufnahmen von älteren bis zu brandaktuellen Schallplatten, sogenannte Piratenbänder, feilgeboten. Der *mercadillo* existiert noch nicht sehr lange. Seine Geschichte reicht nicht weiter als in die 70er Jahre zurück. Dennoch gibt es so etwas wie Alteingesessene auf dem Flohmarkt, die jeden Sonntag an der selben Stelle anzutreffen sind. Viele der Aussteller findet man auch donnerstags auf dem *Jueves*, einem Markt mit ungleich längerer Tradition entlang der Calle Feria wieder. Da der *Jueves*, wie der Name schon sagt, an einem Wochentag abgehalten wird, ist die Atmosphäre dort jedoch in keiner Weise mit der des *mercadillo* zu vergleichen.

Der *mercadillo* ist nämlich vor allem auch ein Treffpunkt. Am Rande des Flohmarkts versammeln sich in großen Gruppen überwiegend junge Leute. Jeans und schwarzes Leder bestimmen das Bild. Man trifft auf Studenten, Punks, Alternative und Jugendliche aus der Drogenszene.

Die Zone um die Alameda ist das Kontrastprogramm zur sonst so schicken und immer mehr herausgeputzten Altstadt von Sevilla. Was noch bis in die 20er Jahre ein blühendes Vergnügungsviertel war, wo die reicheren Herren ihren Mätressen schmucke kleine Häuser bauten, ist heute geprägt von einer stark heruntergekommen Bausubstanz und einem ziemlich schlechten Ruf. Am Abend verwandelt sich die Alameda in den Autostrich und einen der bedeutendsten Drogenumschlagplätze der Innenstadt. Auch der Flohmarkt selbst hat so seine eher zwielichtigen Seiten. Ein hoher Anteil der zum Verkauf stehenden Sachen ist Hehlerware - dies ist allgemein bekannt. Wer in Sevilla sein Autoradio gestohlen bekommt, ein nicht gerade seltenes Ereignis, kann es mit einiger Sicherheit wenige Wochen später auf dem *mercadillo* wiederfinden, allerdings mit weggeätzter Seriennummer.

Hartnäckig hält sich das Gerücht, der *mercadillo* werde während der Weltausstellung geschlossen, da man diesen Hort der Kriminalität zum Schutz der ausländischen Besucher ausschalten wolle.
Das wäre bedauerlich. Es fällt schwer, sich das bunte Treiben am Sonntag auf der Alameda aus Sevilla wegzudenken, sich vorzustellen, auf ein Bier und ein paar tapas in den Bars entlang des Platzes als Abschluß des Sonntagmorgenspaziergangs verzichten zu müssen.

Yacin Hehrlein

EINKAUFEN

Wer sich für traditionelle Handwerkstechniken interessiert oder gerne in kleinen Läden herumschnüffelt, kann sich in Sevillas Altstadtvierteln regelrecht verlieren. Hier gibt es noch das Nebeneinander von Schreiner, Schneider, Tischler, Spengler, Instrumentenbauer, Töpfer. Viele

arbeiten bei offenen Türen, die Kinder sind in der Nähe, zwischendurch ein kurzer Barbesuch mit einem Nachbarn, Leben und Arbeiten gehören noch zusammen. Daß dieses Verwobensein von Wohnen und Arbeiten allmählich in die Außenbezirke verdrängt wird, ist Folge der steigenden Preise.
Das klassische Einkaufszentrum liegt mitten im Stadtzentrum um die Straßen C/Sierpes und C/Tetuán.
Für heiße Tage empehlen sich die beiden Großkaufhäuser des 'Corte Inglés' (im Stadtzentrum an der Plaza del Duque und in Nervión an der Avda. Luís Montoto) oder das 'Simago' (ebenfalls Plaza del Duque) mit ihren Klimaanlagen. Hier bekommt man nahezu alles.

Märkte:
Alameda de Hércules, (Sonntags am Vormittag und am frühen Nachmittag)

'El Jueves' in der C/Feria (Donnerstag vormittag)

Tiermarkt auf der Plaza de la Alfalfa im Barrio San Isidro, (Sonntag vormittag).

Jeden Sonntagvormittag findet auf der kleinen, verkehrsberuhigten Plaza del Cabildo eine Münzen- und Briefmarkenbörse statt.

Im November auf der Plaza San Francisco Büchermarkt.

WERKSTÄTTEN - LÄDEN - ADRESSEN

Instrumentenbauer:
Francisco Barba Martínez,
Arroyo, 20.
Andrés Domínguez Guerrero,
Covadonga, 9.
Alberto Pantoja Martín,
Pozo, 20.
Manuel Vela Martínez,
Bordadores, 3-5.° C.

Keramik:
Cerámica García Chaparro,
Relator, 19.
Cerámica Montalván,
Alfarería, 23.
Cerámica Altozana,
Antillano Campos, 8.
Cerámica Santa Ana,
San Jorge, 31.

Trachten:
Lina, Lineros, 17.
Pardales, Cuna, 23.
Galerías Sagasta, Monardes, 7.
Creaciones Rincón,
Monte Carmelo, 35.
Celis, Plaza de San Francisco, 14.

Fächer:
Casa Rubio, Sierpes, 56.

Castagnetten:
Filigrana. C/de la Cereza, 3.

Goldschmiede:
Marmolejo, Sol, 7.
Orfebrería Triana, Pureza, 66.
Guillermo Domínguez Clavería,
Prolong. Avda. Sta. Cecilia, 2.

Antiquitäten:
Segundo Antigüedades, Sierpes, 89.
Lola Ortega, Plaza del Cabildo, 4.
Félix E. Hijos,
Avda. de la Constitución, 20-26.
Vélez Melchor,
Plaza de Santa Cruz, 10.
Andrés Moro, Placentines, 8.
Altamira, Rodrigo de Triana, 7.
Juan Montelongo, Sta. Teresa, 17.

Schallplatten:
Sevilla Rock, Alfonso XII, 1.
Casa Damas, Sierpes, 61.
Record Sevilla, Amor de Dios, 27.

Schuhe:
El Caballo, Antonia Díaz, 7.
Hermanos Dorado, O'Donnell, 15.
Don Miguel Pérez, Sierpes, 14.
Ruster, Asunción, 40.
Ziros, Tetuán, 7.

Hüte:
Espinosa, San Isidro, 2.
Maquedano, Sierpes, 40.
Padilla Crespo, Avda. de la
Constitución 2-Acc.

Körbe:
J. García Martín,
San Vicente de Paul, 29.
Miguel Zambrano Martínez,
Gerona, 29.

Glaswerkstätten:
Emilio Jiménez Díaz,
Avda. Miraflores, 20.
Cresarte,
Santuario de la Cabeza, 157-159.
Manuel Moreno Correa,
Afán de Rivera, 188.

AUSFLÜGE IN DIE UMGEBUNG

In Estepa, einer Kleinstadt in Richtung Granada, befinden sich zahlreiche Manufakturen und kleine Fabriken für Süßigkeiten in maurischer Tradition. Besonders während der Mandelernte lohnt ein Besuch.

Bewegt man sich auf den Spuren alten Handwerks in der Provinz Sevilla, so kann leicht eine eigene Reise daraus werden. Für Interessierte hat die Provinzregierung einen *Guía de la Artesanía de la Provincia de Sevilla* herausgegeben, in dem nicht nur die Ortschaften und Werkstätten aufgelistet sind, sondern auch die traditionellen Techniken anschaulich dargestellt werden. Zu beziehen bei Junta de Andalucía, Consejería de Economía y Hacienda.

Eine kuriose Verbindung von andalusischer Anarchie und religiösem Wahn findet man in Palmar de Troya, unweit von Utrera. Hier residiert Papa Clemente, alias Papst Gregor XVII, ein ehemaliger Versicherungsangestellter, dem die Kirche zunächst die Priesterweihe versagte, der dann aber doch noch einen senilen Erzbischof überreden konnte, ihn zum Bischof zu weihen. Seither erteilt Papa Clemente seinerseits die Priesterweihe und ist dabei nicht so kleinlich wie seine Kollegen, natürlich gegen entsprechende Bezahlung. Um dem Ganzen die rechte Würde zu verleihen, baut er hier, in den andalusischen Bergen, einen zweiten Petersdom auf, zwar in etwas abgewandeltem Stil und leicht verkleinert, doch das stört die Pilger, meist aus dem Bayrischen, wenig. Hauptreisezeit ist natürlich die Karwoche.

Auch in Utrera selbst weht ein Hauch von Anarchie. Wer hier das Fernsehen einschaltet, empfängt nicht etwa den Kanal 1 des staatlichen Fernsehens, sondern *Tele Utrera*, einen Piratensender, der über das berichtet, was die Leute hier wirklich interessiert. Berichte aus der Region, aus der Stadt selbst und über die Leute, die hier leben. Die Nachrichten werden aus der Zeitung gelesen, die Spielfilme stammen aus der Videothek nebenan und über alles hält der *alcalde*, der Bürgermeister, seine schützende Hand, gegen entsprechende Redezeiten, versteht sich.

Für Kurztrips an die Costa de la Luz, nach Cádiz, nach Jerez, der Sherry-Stadt, zur Route der Weißen Dörfer, in die Sierra Morena, in die Extremadura, zu den Stauseen des Guadalhorce und zu vielen anderen Zielen in der näheren und weiteren Umgebung gibt es Informationen beim Touristenbüro.

Ausflugsfahrten auf dem Guadalquivir: Muelle Torre del Oro (beim Goldenen Turm), Tel.: 4121934.

DER ÜBERFALL

Außer Sandras blonden Locken gibt es nichts, was uns an diesem Sonntagnachmittag im Herbst eindeutig in die Kategorie Tourist hätte einordnen lassen. Keine Kamera, kein Rucksack, keine Sandalen. Und - wir sprechen Spanisch. Gut genug jedenfalls, um auf Ansprache wie Anmache zu reagieren, zu antworten oder zu schimpfen. Gut genug auch, um mit dem dicken, alten Wirt in dem kleinen Lokal zu plaudern und ein bißchen ungläubig zu lächeln, als er über immer mehr Kriminelle klagt und Sevilla die gefährlichste Stadt Spaniens nennt. Trotzdem hängen wir uns auf sein Drängen die Taschen um den Hals, als wir gehen. Die Spanierinnen tun es auch, wie wir draußen feststellen. Eine Stunde später schleift Sandra an der Tasche hängend bäuchlings hinter einem kleinen Motorrad die Straßen entlang. Die beiden jungen Männer sind brutal und skrupellos. Der Sozius läßt die Tasche nicht los, der Fahrer gibt Gas. Als die Erstarrung Sekunden später von mir fällt, liegt Sandra viele Meter weiter vor einem Café. Ihre Haut ist vom Hals bis zu den Oberschenkeln vollständig abgeschürft. Die Chefin des Hauses stellt sich energisch vor die Verletzte, um die Blößen zwischen den Resten von Jeans und T-Shirt vor unbefugten Blicken zu schützen, während anwesende Männer mir ehrlich zornig ihre Scham über das Unglück

bekunden und mir wortreich versichern, daß nicht alle Spanier schlecht seien. Es ist ihnen peinlich. Ich verstehe im Kopf und hasse im Herzen. Man ist sehr freundlich zu uns. Sehr besorgt. Auf der Polizeiwache, im Krankenhaus. Auch wenn Sandra der Fall XY in der zweistelligen Reihe der Überfallenen nur dieses einen Tages ist. Ein bißchen Angst ist geblieben. Auch in Frankfurt, Paris oder Amsterdam.

Maria Theresia Wagner

Adressen für den Notfall

Polizei: Hauptkommissariat: Plaza de la Gavidia, Tel.: 4228840;
Stadtpolizei, Avda. de las Delicias, 'Pabellón de Brasil', Tel.: 4615450;
Guardia Civil, Tel.: 4628111.
Feuerwehr: Tel.: 4420080.
Fundbüro: C/Almansa, Tel.: 4215694 und 4212628.
Gesundheitsdienst: Casa de Socorro (Erste Hilfe Station), Tel.: 4411712;
Rotes Kreuz, Notfälle: Tel.: 4350135;
Rotes Kreuz, Ambulanz: Tel.: 4369750;
Toxikologische Information: Tel.: 91 2620420; Universitätsklinik: Avda. Dr. Fedriani, Tel.: 4378400;
Hauptkrankenhaus: Avda. Manuel Siurot, Tel.: 4610000;
Konsultation vor der Weiterreise nach Marokko: Sanidad Exterior, Avda. de la Raza 2, Tel.: 4627611 und 4627503, Mo-Fr. 9.00-14.00.

AUTOREN UND QUELLEN

Herausgeber

Dieter Haller, (Heidelberg). Geb. 1962, Studium der Ethnologie, Soziologie und Hispanistik in Heidelberg und Sevilla. 1985/86 und 1988 Feldforschung in Sevilla zum Thema *Machismo und Homosexualität in Andalusien*. Promo-tion 1991. Freier Mitarbeiter im Amt für Multikulturelle Angelegenheiten der Stadt Frankfurt am Main. 1992 Dozent am Seminar für Ethnologie an der Universität Heidelberg. *Von Machos und anderen Männern* ist die aktualisierte Version des erstmals in 'Rosa Flieder' (Nr. 48, Aug./Sept. 1986) veröffentlichten Textes.

Brunhilde Romer, (Hamburg). Geb. 1962, Studium der Germanistik, Hispanistik und Altamerikanistik in Heidelberg, Sevilla und Hamburg.

Autoren

Hartwig Berger. Geb. 1943. lebt in Berlin. Privatdozent für Soziologie. Abgeorneter für Bündnis 90/Grüne im Landtag von Berlin. Der Text *Der andalusische Januskopf* erschien zuerst in 'die tageszeitung', 9. 7. 91, unter dem Titel *Andalusiens Aufbruch. Plantagenwirtschaft und Schattenökonomie, Discos und Flamenco - Südspanien ist ein Januskopf.*

Uwe Hartwig (Freiburg). Geb. 1958, Studium der Wirtschaftswissenschaften in Hannover und Madrid. 1990 längerer Aufenthalt in Sevilla, Fachautor zu den Themen Spanien, Weltwirtschaft und Dritte Welt.

Yaacov Ben-Chanan (Zierenberg). Arzt und Historiker.

Marion Papenbrok (Eppelheim). Geboren 1948. Studium der Romanistik in Marburg und Granada. Promotion über Flamenco. Koautorin von *Flamenco gitano andaluz* (Fischer Verlag). Als Lehrerin in der Übersetzerausbildung tätig.

Carlos Colón (Sevilla). *Die Stadt des Nie und Nimmer* aus: Fábrica del Sur, Nr. 3, Okt. 1990. Übersetzt von Brunhilde Romer.

Lola Díaz (Madrid). Journalistin der Zeitschrift Cambio 16. Das Interview übersetzte Dieter Haller.

Martirio, mit bürgerlichem Namen Maribel Quiñones, stammt aus einem Dorf in der Nähe von Sevilla. Lebt heute als Sängerin und Moderatorin in Madrid. Das Interview wurde zuerst in Cambio 16 veröffentlicht.

Inge Trunk (Heidelberg). Geb. 1962, Studium der Romanistik, Politischen Wissenschaft und Pädagogik in Heidelberg und Sevilla.

Felicia Coffey (Sevilla). Geb. 1960 in Camden/New Jersey. Studium der englischen Literatur. Lebt seit 1987 in Sevilla. Assistant Professor an der Universität, z. Zt. in der Ausbildung von Englischlehrern. *Privatleben und Privatsphäre* wurde übersetzt von Michael Weis, Heidelberg.

Michael Richter, Geb. 1961. Studium der Politikwissenschaft, Philosophie und Romanistik in Heidelberg. Freier Journalist für Printmedien und Fernsehen.

Juan Madrid (Madrid). Geb. 1947 in Málaga. Freier Autor und Journalist. *Das Verbrechen von Los Guindos* wurde übersetzt von Irmgard Kramer.

Thomas Frey (Schwetzingen). Geb. 1965. Student der Ethnologie, Soziologie und Erziehungs- wissenschaften in Heidelberg. Freier Mitarbeiter im Amt für Mutikulturelle Angelegenheiten der Stadt Frankfurt am Main.

Christoph Kindler Geb. 1959 in Benediktbeuren. Nach dem Studium zum Diplomgeophysiker arbeitete er als Informatiker in Liberia, Westafrika. Seit Januar 1991 lebt er als Privatlehrer und freier Autor in Sevilla.

Yacin Hehrlein. (Hannover). Geb. 1964. Studium der Geschichte und Romanistik an der Universität Heidelberg. 1991 Promotion (Spa-

nische Kolonialgeschichte). 1 ½ jähriger Studien- und Forschungs- aufenthalt in Sevilla. Langjährige Tätigkeit als freier Hörfunk- journalist.

Andrea Weber (Mannheim). Geboren 1963. Magisterstudium Romanistik und Erziehungs- wissenschaften in Heidelberg. Tätig in der Erwachsenenbildung.

Maria Theresia Wagner: Geb 1966. Studium der Politikwissenschaft in Heidelberg und Köln.

Antonio Lanceta (Sevilla). Freischaffender Comic-Zeichner und Jobber. En Sevilla, en Primavera Comic in 9 Bildern.

Der Serviceteil wurde zusammengestellt von Dieter Haller, Brunhilde Romer und Winfried Jenior.

Wir danken herzlich dem Spanischen Fremdenverkehrsamt in Frankfurt/Main, Myliusstr. 14, für die Abdruckgenehmigung der Stadt- und Provinzpläne.

Fotos: Melk, Chris (Mannheim): S. 60. Uwe Hartwig (Freiburg) S. 18, 32, 126. Winfried Jenior (Kassel): S. 12, 17, 25, 45, 52, 66, 70, 78, 86, 94, 98, 107, 110, 114, 119, 150, 155, 162 171, 175, 196, 203 und Umschlagfotos.

Reihe Andalusien

Gerald Brenan – Südlich von Granada
ISBN 3-9801438-6-4 • 370 Seiten, kt., Fotos, DM 34,–

Gerald Brenan – Das Gesicht Spaniens
Bericht einer Reise durch den Süden
ISBN 3-9801438-9-9 • 280 Seiten, kt., DM 34,-

Winfried Jenior – TAPAS
Spezialitäten aus Spanien
Vorwort von Juan Madrid
ISBN 3-928172-03-4 • 181 Seiten, kt. Fotos, DM 28,–

Andalusische Ansichten
Lesebuch nicht nur für Reisende
Herausgegeben von Felix Hofmann
Beiträge von: Muñoz Molina, Goytisolo,
Andersch, Madrid, Torres, Brenan u. a.
ISBN 3-9801438-7-2 • 208 Seiten, kt., DM 24,–

In Vorbereitung:
Ian Gibson – Lorcas Granada
Zu Fuß durch das heutige Granada –
auf den Spuren von García Lorca
erscheint im Frühjahr 1993

edition wunschmaschine
Bücher zu Spanien

Felix Hofmann
Wüste Küste
Costa Brava Geschichten
ISBN 3-9801438-8-0
128 Seiten, kt., DM 22,–

Juan Madrid
Dschungel
Großstadtgeschichten
ISBN 3-928172-08-5
160 Seiten, kt., DM 24,–

Im Frühjahr 1992 erscheint:
Felix Hofmann
Die Stadt der Wünsche
Roman aus Barcelona
ca. 160 Seiten, kt., DM 24,–

VERLAG JENIOR & PRESSLER
3500 Kassel – Lassallestr. 15
Tel.: 0561 – 1 76 55 / Fax: 0561 – 77 41 48
Bitte fordern Sie unser Verlagsverzeichnis an